Hasse | Was ist europäisch?

[Was bedeutet das alles?]

Dag Nikolaus Hasse

Was ist europäisch?

Zur Überwindung kolonialer und romantischer Denkformen

Reclam

3. Auflage

RECLAMS UNIVERSAL-BIBLIOTHEK Nr. 14061
2021 Philipp Reclam jun. Verlag GmbH,
Siemensstraße 32, 71254 Ditzingen
Gestaltung: Cornelia Feyll, Friedrich Forssman
Karten (S. 28, 39, 81, 91): © Matthias Hennicke, pixelsfinest / Tobias Ullmann
Druck und Bindung: Esser printSolutions GmbH,
Untere Sonnenstraße 5, 84030 Ergolding
Printed in Germany 2024

ISBN 978-3-15-014061-1

Auch als E-Book erhältlich

www.reclam.de

Inhalt

Einführung

Das Wort ›Europa‹ hat für viele Menschen eine starke Ausstrahlung. Es steht für die Hoffnung auf Meinungs- und Religionsfreiheit, für Demokratie, Gleichberechtigung, Rechtsstaatlichkeit und für eine sich frei entwickelnde Kultur. Es steht auch für die Hoffnung auf ein friedliches Zusammenleben vieler verschiedener Völker, auf ein Leben »in Vielfalt geeint«, wie das Motto der Europäischen Union lautet. Was für ein beeindruckend positives Bild! Ein Bild, zu dem viele Leserinnen und Leser vermutlich sagen werden: Ja, in diese Werte setze auch ich meine Hoffnung, weil ich glaube, dass Europa mit seinen Ideen dazu beitragen kann, die Welt gerechter, freier und friedlicher zu machen. Wenige Jahrzehnte nach der Katastrophe des Zweiten Weltkriegs und des Holocausts ist dies eine erstaunlich positive Entwicklung.

Gleichzeitig wird jedoch beklagt, dass das Gefühl der Bindung an Europa, die affektive Bindung, das Loyalitätsgefühl, bei vielen Menschen und insbesondere Europäern schwach ausgeprägt sei. So gab und gibt es viele Versuche, den Ausdruck ›Europa‹ mit konkretem Inhalt zu füllen: mit Ideen, Werten und kulturellen Traditionen, die beschreiben, was Europa wirklich ausmacht und zusammenhält. Wenn wir eine solche Essenz des Europäischen finden, so die Annahme, wird es uns leichter fallen, uns selbst und andere für Europa zu begeistern.

Doch hier zeigt sich ein Problem: Diese Versuche der inhaltlichen Füllung haben eine bedenkliche Entwicklung genommen. Denn die Europa-Begriffe, die auf diese Weise entstanden sind, sind mit schwerem historischen Ballast beladen. Unser Sprechen über Europa ist von Begriffen geprägt, die ausgrenzend, blickverengend und historisch wie geographisch verzerrend sind. Wir schleppen koloniale und romantische Untertöne mit, die aus der langen Geschichte des Europa-Begriffs stammen und sich als Belastung für die Zukunft der Menschen auf dem Kontinent und ihrer Nachbarn erweisen.

Dieser Essay wirbt für einen offenen Begriff von Europa. Er bemüht sich, Stimmen hörbar zu machen, die über Europa in einem anderen Modus gesprochen haben. Und er fordert dazu auf, unser Sprechen in zweifacher Weise zu verändern, indem wir es entkolonialisieren und entromantisieren. Damit lassen sich Denkformen überwinden, die aus zwei Epochen der Geschichte des Europa-Begriffs stammen: der Aufklärungs- und Kolonialzeit um 1700 und der Romantik um 1800.

Es wäre ein Missverständnis, die hier vorgeschlagene Abrüstung und Öffnung des Europa-Begriffs entmutigend zu finden, ganz im Gegenteil: Im entkolonialisierten und entromantisierten Europa-Begriff liegt eine große Chance in Form einer doppelten Bereicherung. Er bietet mehr Menschen auf dem Kontinent eine geistige Heimat und schenkt den Nachbarkontinenten das Maß an Aufmerksamkeit und Respekt, das die Grundlage für eine gemeinsame Gestaltung der Zukunft sein kann. Ein solcher Europa-Begriff hat den Vorteil, dass er tatsächlich als Leitbild für ein »in Vielfalt geeintes« Europa dienen könnte.

Ein kurzer Blick auf das Mittelalter

Jede Generation steht vor der Aufgabe, eigene Lösungen dafür zu finden, wie das Zusammenleben in Gegenwart und Zukunft gestaltet werden soll. Die Geschichte spielt in diesen Überlegungen eine explizite Rolle, denn sie liefert uns einen Vorrat an Vorbildern und abschreckenden Beispielen für mögliche Lösungen. Doch ist die Geschichte auch immer implizit beteiligt. Ihre positiven und negativen Prägungen leben in Begriffen, Praktiken und Institutionen weiter.

Wenn die Chancen und Belastungen verschiedener Epochen für die Gestaltung der Gegenwart diskutiert werden, kommt das Mittelalter in der Regel schlecht weg. Der Bezug auf das Mittelalter dient fast immer zur Abgrenzung. Die meisten heutigen Gesellschaften lehnen beispielsweise Theokratien, also religiös legitimierte Herrschaftsformen, ab, wie sie für das mittelalterliche Zentraleuropa typisch waren. Sie lehnen auch die diffamierende Sprache der religiösen Streitschriften ab, in denen jeder gegen jeden schrieb, Juden, Christen, Muslime, auf allen Stufen der Polemik bis hinab zur Entwürdigung des anderen. Die mittelalterliche Diskriminierung von Minderheiten, die Judenpogrome, die Anfänge rassistischen Sprechens über religiöse und ethnische Gruppen sind belastende Traditionen, die es aufzudecken und zu überwinden gilt.

Doch der Europa-Begriff selbst hat im Mittelalter bemerkenswerterweise keine negativen Prägungen erfahren, die seine heutige Verwendung erschweren würden. Die eigentlichen Belastungen des Begriffs entstanden erst in der Neuzeit. Man könnte zwar erwarten, dass der Europa-Begriff zumindest in der mittelalterlichen Kreuzzugsliteratur eine Aufladung erfuhr und als Kampfbegriff verwendet wurde. Doch dies war nicht der Fall. Es hieß nicht: »Wir in Europa« kämpfen gegen »die Ungläubigen in Asien und Afrika«. Der Ausdruck ›Europa‹ diente im Mittelalter vielmehr ganz sachlich als geographischer Begriff, um beispielsweise zu beschreiben, dass sich zahlreiche Fürsten Europas an den Kreuzzügen beteiligten oder dass die Mongolen die Grenzen Europas überschritten hätten.

›Europa‹ war kein polemischer Begriff, nicht einmal ein Begriff für Heimat. Um die eigene Gruppe genauer zu bezeichnen, wurden Ausdrücke wie »wir Christen«, »wir Lateiner« oder »die Christenheit« verwendet. Ähnliches lässt sich in der Reiseliteratur der Zeit beobachten. Der nach China reisende Venezianer Marco Polo (1254–1324) spricht nicht von Europa, sondern von »Lateinern« oder von »lateinischen Kaufleuten« (franko-ital. *mercaant latin* oder ital. *mercatanti latini*). Nur ganz selten finden sich in mittelalterlichen Quellen Ansätze, den Europa-Begriff über seine geographische Bedeutung hinaus positiv aufzuladen.

Geographie

Der geographische Europa-Begriff bleibt in den von griechisch-lateinischer Bildung geprägten Texten der Antike, des Mittelalters und der frühen Neuzeit bemerkenswert stabil und unumstritten. Europas Grenzen bilden die Meerenge von Gibraltar, das Mittelmeer, die Meerenge des Bosporus und der Fluss Don, der östlich der Krim in das Asowsche Meer, eine Ausbuchtung des Schwarzen Meeres, mündet. Einige antike Autoren bevorzugten als kontinentalen Grenzfluss nicht den Don, sondern den Aras oder den Rioni in der Kaukasus-Region, doch setzten sich diese Ansichten nicht durch. Das Uralgebirge wiederum löste erst ab dem 18. Jahrhundert den Don als Grenze zwischen Europa und Asien ab. Diese neue Grenzziehung, die der schwedische Wissenschaftler Philipp von Strahlenberg 1726 vorgeschlagen hatte, fand vor allem Verbreitung durch die geographischen Werke des russischen Wissenschaftlers und Aufklärungsdenkers Vasilij Tatiščev, der 1744 vom Uralgebirge als »der natürlichen Grenze zwischen Europa und Asien« (натуральное разделение Еуропы с Азией) sprach, weil der Ural als Wasserscheide diene.

Doch ist der geographische Begriff des Kontinents Europa wissenschaftlich überhaupt haltbar? Die moderne Geographie sieht den Begriff ›Kontinent‹ viel skeptischer als die Öffentlichkeit oder unsere Schulbücher. Würden Kontinente nur nach den Grenzen zwischen Land und Meer bestimmt, wären alle Inseln Kontinente. Entscheidend ist daher das Kriterium der Landmasse. Wie groß aber muss die Landmasse sein, um einen Kontinent zu bilden? Und reichen Wasserstraßen wie der Bosporus oder der Nil aus, um Landmassen voneinander zu trennen? Oder eignen sich nur Meere für eine solche Abgrenzung?

Die Geologen unterscheiden ihrerseits zwischen den verschiedenen tektonischen Platten der äußeren Erdhülle, deren langsame Drift an den Plattengrenzen starke Verformungen wie Gebirgs- und Rinnenbildungen verursacht. Würde man die Kontinente entlang der tektonischen Platten abgrenzen, gehörten beispielsweise Indien und Sri Lanka nicht mehr zu Eurasien, da sie auf der Indischen Platte liegen.

Ob ›Kontinent‹ ein sinnvoller geographischer Begriff ist, hängt also stark von den Kriterien seiner Bestimmung ab. Manche Geographen gehen daher so weit zu sagen: Räume gibt es nicht, Räume werden gemacht. Wie weit sich Europa erstreckt, sei keine geographische, sondern eine politische oder kulturelle Frage.

Doch ist das zu radikal: An der Meerenge von Gibraltar können wir Menschen (hoffentlich) nichts ändern. Von uns hängt allerdings ab, wie wir diese Auffälligkeit der Erdoberfläche beschreiben und begreifen. Die meisten menschlichen Bezeichnungen für Regionen und Orte sind sehr alt und eignen sich gerade deshalb zur Orientierung auf der Erde. Ob eine Flugreise auf dem richtigen Kontinent endet, ist keine Frage, die wir gern politisch oder kulturell beantwortet sähen. Wir verlassen uns auf die Geographie und ihre überlieferten Begriffe. Geographische Räume sind also gemacht, jedoch nicht beliebig.

Die beiden größten Landmassen der Erde sind Amerika und Europa-Afrika-Asien. Angenommen der Bosporus und der Nil eignen sich als Kontinentalgrenzen, dann bleibt immer noch das Problem, dass Eurasien eine große zusammenhängende

Landmasse bildet. Das vergleichsweise flache Uralgebirge und der sich südlich anschließende Ural-Fluss stellen nur eine von mehreren Möglichkeiten dar, Eurasien geographisch zu teilen. Wenn die wissenschaftliche Geographie also weiterhin an dem Begriff ›Kontinent‹ für Europa festhält, dann nur mit dem Hinweis, dass Europa geographisch ein ›gemachter Raum‹ ist. Der heutige Begriff des Kontinents Europa ist eine Konvention, ein Produkt von mehr als 2500 Jahren geographischer Traditionen und Diskussionen, die bei griechischen Autoren wie Anaximander von Milet um 550 v. Chr. erstmals sichtbar werden. Trotzdem ist der geographische Europa-Begriff nicht ungeeignet oder obsolet. Denn der ›gemachte Raum‹ Europa ist erstaunlich stabil, eine stabile und eindeutige Konvention: Gibraltar, Bosporus, Don, später der Ural. Mit ihr können wir uns schnell und präzise über das, was wir mit ›Europa‹ meinen, verständigen. Wie sich zeigen wird, sind kulturelle Europa-Begriffe deutlich unbeständiger und problematischer.

1 Entkolonialisierung

> Europa ist der Kontinent, der eine Hoffnung auf Vernunft hervorgebracht hat. Jeder Mensch, der im Geist der Aufklärung denkt und handelt, ist ein europäischer Mensch.

Diese These ist frei formuliert in Anlehnung an Sätze, die der Autor Robert Menasse 2019 in einem Interview zur Definition des europäischen Schriftstellers geäußert hat. So oder ähnlich sprechen viele engagierte und historisch denkende Menschen über Europa. Mit ›Aufklärung‹ ist die Epoche des späten 17. und 18. Jahrhunderts gemeint, die von Denkern wie John Locke, Voltaire oder Immanuel Kant und von großem Vernunftoptimismus geprägt war. Ein solcher Begriff von Europa, der sich auf den Geist der Aufklärung beruft, ist seiner Tendenz nach ein fortschrittlicher Begriff, denn er betont den eigenständigen Vernunftgebrauch des einzelnen Bürgers und nicht gemeinsame kulturelle Traditionen. Daher wird er vornehmlich im linken und liberalen politischen Spektrum verwendet. Eine leichte konservative Färbung erhält er allerdings dadurch, dass auf die Werte einer bestimmten Epoche europäischer Geschichte Bezug genommen wird.

Europa wird von einem Kontinent zu einer Kultur

Was sollte an diesem sympathischen Begriff von Europa problematisch sein? Um dies zu verstehen, lohnt es sich, Äußerungen aus der Epoche der Aufklärung selbst in den Blick zu nehmen und nachzuvollziehen, wie erstmals kulturelle Europa-Begriffe populär wurden.

In Festreden unserer Zeit wird gern auf zwei Ahnherren eines kulturellen Europa-Begriffs Bezug genommen, nämlich auf Karl den Großen und Piccolomini, den späteren Papst Pius II. Es wird dann ausgeführt, dass Karl der Große in einem Gedicht des Jahres 799 »Vater Europas« (»pater europae«) genannt wurde und der Humanistenpapst Pius II. um 1458 den Begriff »Europäer« (»europaei«) erfunden habe. Pius II. verwendet den Ausdruck in seinen Aufrufen an die christlichen Fürsten, »den Türken« aus Europa und insbesondere aus Konstantinopel zu vertreiben, mit der Begründung, dass Europa die Heimat der christlichen Gemeinschaft sei.

Es stimmt zwar: Europa ist bei Karl und Pius II. eher ein kultureller als ein geographischer Raum, denn Karl der Große herrschte keinesfalls über den gesamten Kontinent, und viele Bewohnerinnen und Bewohner des Kontinents zu Lebzeiten Pius II. waren nicht Christen, sondern Muslime oder Juden. Doch die Karl- und Pius-Zitate sind Außenseiter in ihren Jahrhunderten, fanden kaum Nachahmer und sind also alles andere als repräsentativ. Sie eignen sich daher nicht für Festreden (ganz abgesehen davon, dass Herodot und Hippokrates im 5. Jahrhundert v. Chr. auf Griechisch und die *Mozarabische Chronik* von 754 auf Lateinisch auch schon von »Europäern« gesprochen hatten). Wenn also weder um 799 noch um 1458 ein kultureller Begriff von Europa populär wurde, wann dann?

Die historische Forschung ist noch nicht so weit, dass sie diese Frage mithilfe quantitativer Studien präzise beantworten könnte. Es zeichnet sich allerdings ab, dass ein kultureller Europa-Begriff erst in den Jahrzehnten um 1700 in Mode kam, und zwar in französischen Texten. Das lässt sich sehr gut an den Pariser Instruktionen für die französischen Botschafter in der Türkei zwischen 1665 und 1768 erkennen, die der Historiker Malcolm Yapp ausgewertet hat. Die frühen Instruktionen sprechen von den »Angelegenheiten der Christenheit und des Osmanischen Reiches« (»des affaires de la chrétienté et de l'empire ottoman«). 1679 wird der Bezug auf das Christentum erstmals durch »affaires de l'Europe« ersetzt, und in den folgenden Jahrzehnten verdrängt der Ausdruck ›Europa‹ den Ausdruck ›Christentum‹ nach und nach aus der Sprache der französischen Diplomaten in der Türkei. Der sich herausbildende kulturelle Europa-Begriff schließt das Osmanische Reich aus, obwohl seine Hauptstadt Konstantinopel auf dem europäischen Kontinent liegt.

Auch in anderen Quellen lässt sich erkennen, dass ein kultureller Begriff um 1700 populär wird. Die Niederlage des osmanischen Heeres vor Wien im Jahr 1683 wird noch als Sieg der Christenheit beschrieben. In der Folgezeit nimmt die Erwähnung Europas zu: in Buchtiteln, in Verträgen, aber auch im Schrifttum allgemein.

Diese Popularisierung kam nicht aus dem Nichts, sondern hatte eine mehr als 100 Jahre lange Vorgeschichte im Diskurs gebildeter Eliten. Dieses Kapitel der Geschichte des gelehrten Europa-Begriffs ist gut erforscht, und so wissen wir, dass es drei verschiedene Bereiche waren, in denen Intellektuelle von einem kulturellen Europa zu sprechen begannen:

Erstens findet sich im Kontext des Schrifttums über die sogenannten Türkenkriege, also den Konflikten zwischen dem Osmanischen Reich und christlichen Herrschern, bereits im 16. Jahrhundert gelegentlich die Ersetzung der Bezeichnung ›Christenheit‹ durch ›Europa‹.

Zweitens beförderten der Machtkampf zwischen Frankreich und Österreich-Spanien und die Furcht vor der Weltherrschaft einer einzigen Macht das Nachdenken über eine politische Ordnung Europas. Einzelne Autoren wie Maximilien Duc de Sully, Gottfried Wilhelm Leibniz und William Penn skizzierten im 17. Jahrhundert erste Entwürfe für eine europäische Friedensordnung, einen europäischen Völkerverein, einen Gerichtshof und eine Bundesversammlung.

Drittens beeinflussten die kolonialen Eroberungen europäischer Mächte in Übersee das Sprechen über Europa. In Texten und Bildwerken des Barock wurden die Erdteile der bekannten Welt miteinander verglichen, fast immer zum Vorteil Europas.

Diese drei Diskurse über Europa haben den Durchbruch eines kulturellen Europa-Begriffs um 1700 vorbereitet. Der zweite dieser drei Europadiskurse, das Nachdenken über eine politische Friedensordnung, hat stets viel Aufmerksamkeit und auch Bewunderung erfahren. Das ist nicht weiter erstaunlich, denn er ist Teil der Vorgeschichte der Europäischen Union. Zur Geschichte der ›Idee Europa‹ in der Barock- und Aufklärungszeit gehört aber auch, dass sie stark von kolonialem Überlegenheitsdenken geprägt war. Stellvertretend für viele seien an dieser Stelle zwei Texte zitiert, die einen Eindruck von dem aufkommenden Europa-Begriff geben: die vielgelesenen *Pilgrimes* des Engländers Samuel Purchas aus dem frühen 17. Jahrhundert und der *Zedler*, das berühmte deutsche Universallexikon des 18. Jahrhunderts.

Der Pastor Purchas war ein begeisterter Beobachter der englischen Entdeckungs- und Eroberungsreisen. Ohne England je verlassen zu haben, verfasste er sehr beliebte Berichte über diese Reisen, einschließlich eines ausführlichen Erdteilvergleichs. Asien, Afrika und Amerika seien zwar größer als Europa, dienten ihm aber, denn Europa überrage alle anderen Erdteile, schreibt Purchas 1625. Europa habe das beste Klima, den besten Boden, die beste Luft, die meisten tapferen, kräftigen und klugen Menschen, die besten Befestigungen und Städte. Es mag scheinen, fügt Purchas hinzu, als sei ein anderer Erdteil in einem dieser Dinge ebenbürtig oder gar überlegen. Doch das täusche; in Wahrheit seien alle unterlegen und »zu Tributzahlern und Dienern Europas« (»tributaries and servants to Europe«) gemacht worden. Zuerst einige Teile der Welt von Alexander dem Großen und den Römern in der Antike; dann noch viele weitere Länder von den Spaniern, Portugiesen, Engländern und Holländern in jüngster Zeit:

> Asien schickt uns jedes Jahr seine Gewürze, Seidenstoffe, Edelsteine; Afrika sein Gold und Elfenbein; Amerika akzeptiert strenge Zoll- und Steuer-Beamten und erlaubt beinahe überall [die Ansiedlung] europäischer Kolonien. Wenn ich auf die Wissenschaften und Erfindungen zu sprechen komme, welche die gebührendsten Güter des Menschen sind, das unsterbliche Erbe unserer Sterblichkeit: was hat der Rest der Welt Vergleichbares?

Ähnliches gelte für die Erfindungen der Mechanik und der Musik, für den kulinarischen Geschmack, für die Militärtechnik, die Drucktechnik, die Navigationskunst. Europa erhebe sich bis zu den Sternen und über diese hinaus, und das liege an Christus, so der Pastor Purchas, denn Christus sei schon lange in Europa zu Hause und führe Europa empor.

Das sind neue Töne, Töne, die das Mittelalter nicht kannte. Denn Europa war aus lateinisch-christlicher Sicht immer nur der zweitbeste Weltteil. Wie konnte es auch anders sein? Jerusalem, die Mitte der Welt, liegt in Asien, wie auch das irdische Paradies, jedenfalls für viele mittelalterliche Christen. Und als die Welt nach der biblischen Sintflut unter den drei Söhnen Noahs und ihren Nachkommen aufgeteilt wurde, wie es in der Bibel, *Genesis* 9 f., nach mittelalterlicher Interpretation heißt, erhielt Sem Asien, den schönsten und reichsten Erdteil, Ham das zu heiße Afrika und Japhet das zu kalte Europa. Viele mittelalterliche Quellen schildern Europa als unterlegenen Weltteil, in dessen Norden es so kalt sei, dass »kein Gras wächst und niemand dort wohnt« (»at eigi vex gras á ok engi byggvr«), wie sich der christliche Prolog zur altisländischen Snorra-*Edda* im 13. Jahrhundert ausdrückt. (Der altnordischen Geographie gebührt ein Ehrenplatz, da sie in vielerlei Hinsicht die präziseste ihrer Zeit im christlichen Europa war.) Weiter heißt es im *Edda*-Prolog: In Asien verfügen die Menschen in höherem Maße als in Europa (»Evrópá«) über Weisheit, Kraft, Schönheit und »alle Arten von Künsten« (»allz konar kunnostu«). Das ist das genaue Gegenteil dessen, was Purchas und viele andere Europäer der Barock- und Aufklärungszeit schrieben und dachten. Die Kolonialerfahrung hatte das Bild Europas auf den Kopf gestellt.

Im 18. Jahrhundert war dieses Bild auch in den Nachschlagewerken des gebildeten Bürgers angekommen. So im deutschen *Zedler*, dem von Johann Heinrich Zedler herausgegebenen einflussreichen Universallexikon, das zwischen 1731 und 1754 in Leipzig und Halle gedruckt wurde. Dort konnte man unter dem Stichwort »Europa« lesen:

> Obwohl Europa das kleinste unter allen 4 Theilen der Welt ist, so ist es doch um verschiedener Ursachen willen allen übrigen vorzuziehen. Die Lufft ist darinnen gemäßiget, und die Landschafften sind sehr fruchtbar [...] Es hat an allen nothwendigen Lebens-Mitteln einen Ueberfluß. Die Einwohner sind von sehr guten Sitten, höflich und sinnreich in Wissenschafften und Handwercken.

Wie schon bei Purchas ist auch hier Europa allen übrigen Erdteilen in zahlreichen Hinsichten überlegen: in Bezug auf Klima, Landwirtschaft, Handel, Kultur und Wissenschaft. Und das Lexikon fährt fort: »Die Europäer haben auch durch ihre Geschicklichkeit und Tapfferkeit die vortrefflichsten Theile der Welt unter sich gebracht.« Aufgrund ihrer kulturellen, politischen, ökonomischen und militärischen Überlegenheit sind die Europäer demnach also verdientermaßen die Herrscher über die anderen Teile der Welt. War der Europa-Begriff des *Zedler* am Beginn des Artikels noch rein geographisch, wird er am Ende ganz und gar kulturell. Europa ist dort, wo die zivilisiertesten und mächtigsten Menschen leben. Der *Zedler* zieht den Schluss nicht, aber andere tun es: Die Türkei oder Russland oder die Tataren oder überhaupt das orthodoxe und muslimische Osteuropa gehören nicht zu Europa. Sie werden aufgrund kultureller Argumente zu Teilen Asiens erklärt.

Freilich waren sich die Autoren der Barock- und Aufklärungszeit in diesem Punkt alles andere als einig. Manche rechneten das Osmanische Reich zu Europa und schlossen Russland aus, andere sahen es genau umgekehrt. Die Argumente waren stets kulturell. Die ausgeschlossenen Länder waren »unzivilisiert« und »abergläubisch« (Maximilien Duc de Sully), ihre Bewohner kriegerische »Barbaren« oder »Unchristen« (Jakob Heinrich von Lilienfeld), oder ihre Regierungsform war »despotisch«, beherrscht vom »Geist der Knechtschaft« und nicht vom europäischen »Genius der Freiheit« (Charles Montesquieu).

Was auch immer man von den Argumenten halten mag, hier zeigt sich deutlich, dass die Verwendung kultureller statt geographischer Europa-Begriffe ihren Preis hat. Denn jetzt stellt sich die Frage: »Wer gehört dazu?« Und diese Frage hat unangenehme Folgen: die Ausgrenzung kulturell vermeintlich unpassender Gebiete. Die muslimischen und orthodoxen Gebiete gehörten viele Jahrhunderte lang aufgrund einer stabilen Konvention zum geographischen Europa. Mit der Geburt der ›Idee Europa‹ wurde diese Konvention erschüttert.

Im Geist der Aufklärung?

Warum aber sollte uns diese Entwicklung, so problematisch sie ist, davon abhalten, Europa als Kontinent der Vernunft und der Aufklärung zu rühmen? Dass die Französische Revolution in Europa stattfand, lässt sich ja schließlich nicht bezweifeln.

Kehren wir zu den am Anfang des Kapitels zitierten Sätzen zurück: »Europa ist der Kontinent, der eine Hoffnung auf Vernunft hervorgebracht hat. Jeder Mensch, der im Geist der Aufklärung denkt und handelt, ist ein europäischer Mensch.« Die These beginnt mit dem geographischen Ausdruck »Kontinent«, definiert Europa dann aber kulturell: Europäer kann man überall auf der Welt sein, sofern man europäisch denkt. Was aber meint »Hoffnung auf Vernunft« und »Geist der Aufklärung«? Sortiert man vom Allgemeinen zum Spezifischen, lassen sich drei mögliche Antworten unterscheiden.

Es könnte erstens ganz allgemein die von Immanuel Kant formulierte Aufforderung an alle Menschen gemeint sein, sich des eigenen Verstandes ohne fremde Leitung zu bedienen.

Oder zweitens und spezifischer könnte sich »Geist der Aufklärung« auf den Willen beziehen, das Gemeinwesen vollständig nach rationalen Kriterien zu modernisieren und zu säkularisieren.

Oder drittens und sehr konkret könnten einzelne Theorien aufklärerischer Denker gemeint sein, wie beispielsweise das Eintreten für einen Rechtsstaat, der auf Menschenrechte, Demokratie und Gewaltenteilung gründet und dessen Verfassung sich die Menschen selbst gegeben haben.

Die erste Antwort behauptet also, dass jeder Mensch, der den Mut hat, sich seines eigenen Verstandes zu bedienen, ein europäischer Mensch sei. Das impliziert, dass es diesen Mut außerhalb Europas weder gibt noch gegeben hat, denn andernfalls wäre die Ausdehnung des lobenden Adjektivs »europäisch« auf alle selbstdenkenden Menschen nicht sinnvoll. Diese Implikation aber ist absurd. Selbstdenkende Menschen finden sich in allen Zeiten und Kulturen, auch in dem Sinne, den Kant so betont, im Sinne eines Denkens, das Autoritäten kritisiert. Dieses Denken »europäisch« zu nennen wäre einigermaßen arrogant.

Also muss die Antwort spezifischer ausfallen, wie in der zweiten Antwort: Jeder Mensch ist europäisch, der sich um eine vernunftgeleitete Modernisierung und Säkularisierung seines Gemeinwesens bemüht. Ohne Zweifel haben die Aufklärer des 18. Jahrhunderts Ideen und gesellschaftliche Strukturen zum Thema gemacht, die viele von uns heute für unverzichtbar halten: gleiche Rechte für alle Menschen, Freiheit von Unterdrückung, demokratische Mitbestimmung, Bildungschancen für alle Bevölkerungsgruppen, religiöse Toleranz, Kritik an irrationalen religiösen Praktiken und die weitgehende Entmachtung der Kirchen als weltliche Herrscher.

Trotzdem sollten wir zögern, diese »Errungenschaften«, wie wir sie aus heutiger Sicht nennen, als »europäische« zu bezeichnen und die Entwicklung Europas als Vorbild für andere Erdteile zu empfehlen, und dies aus zwei Gründen: zum einen, weil das Verhältnis von Kirche und Staat im christlichen Europa eine ungewöhnliche Geschichte aufweist, die sich nicht leicht übertragen lässt, und zum anderen, weil es unwahrscheinlich ist, dass diese Ideen, wenn wir sie so allgemein formulieren, nicht auch in anderen Erdteilen eine große historische Rolle gespielt haben.

Die Situation im christlichen Europa des 18. Jahrhunderts war deshalb so besonders, weil die Kirche über eine beträchtliche weltliche Macht verfügte, und zwar nicht nur der Papst als Herrscher über den Kirchenstaat. In den meisten europäischen Staaten bildete die Geistlichkeit einen eigenen Stand mit großen Privilegien wie Steuerbefreiung und eigener Gerichtsbarkeit und mit beträchtlicher ökonomischer Macht durch Grundbesitz, Abgaben und Steuern. Im russischen Reich beispielsweise waren die Klöster die größten Grundbesitzer des Landes. Im Heiligen Römischen Reich Deutscher Nation waren viele Bischöfe gleichzeitig Fürsten. Sie herrschten, in der Regel absolutistisch, über ihr Fürstentum genauso wie ihre weltlichen

Kollegen. Sie waren Finanzchefs, Wirtschaftsunternehmer, Heerführer und Bischöfe zugleich. In der Geschichte der Religionen der Welt ist eine solche strukturelle Machtfülle einer hierarchisch gegliederten Priesterschaft außerordentlich selten. Mit anderen Worten: Das christliche Europa hatte ein strukturelles Problem mit der Trennung von Staat und Kirche. Oder schärfer ausgedrückt: Das christliche Europa bekam die Aufklärung, weil es die Aufklärung bitter nötig hatte.

Man vergleiche die Situation in der islamischen Welt. Bereits in den ersten Jahrhunderten des Islam, also vom 7. bis 12. Jahrhundert, war die Macht der Kalifen, der ›Nachfolger‹ des Propheten Muhammad, deutlich beschränkter als die der christlichen Kaiser. Die Kalifen besaßen anders als die Kaiser generell kaum Möglichkeiten, Recht zu setzen, außer durch Verordnungen im Finanzbereich. Die Rechtsetzung wurde von den Rechtsschulen beansprucht. Die islamischen Rechts- und Religionsgelehrten wiederum hatten in manchen islamischen Gemeinwesen zwar Zugang zu Hofämtern oder Staatsposten, regierten aber nicht über Territorien. Ihre weltliche Macht war außerdem dadurch beschränkt, dass sie anders als christliche Priester nicht als Klerus oder als Kirche institutionell organisiert waren. Im christlichen Europa des 18. Jahrhunderts hingegen war eine solche Trennung zwischen weltlicher Herrschaft und religiöser Elite keinesfalls Normalität. Es ist daher nicht sinnvoll, zu fordern, andere Regionen der Welt müssten die Aufklärung im Sinne der Trennung von Staat und Religion noch nachholen. Will man dieses Vokabular überhaupt bemühen, war es das christliche Europa, das aufzuholen hatte.

Das ist der erste Grund für mehr Zurückhaltung beim Anpreisen der europäischen Aufklärung. Der zweite Grund ist eigene Ignoranz. Haben sich Europäer, wenn sie die Ideale der Aufklärung anderen Ländern empfehlen, vorher abgesichert, dass diese Ideale nicht auch anderswo bereits geschätzt und diskutiert wurden, möglicherweise seit Jahrhunderten oder gar Jahrtausenden? Haben sie im Blick, was die Bewohnerinnen und Bewohner anderer Erdteile auf die Empfehlungen antworten würden, oder haben sie zumindest zuvor die Arbeiten von Amerikanisten, Altorientalisten, Sinologen, Indologen, Arabisten oder Afrikanisten zur Kenntnis genommen?

Die geschilderten Errungenschaften der Aufklärungszeit, die vielen heutzutage verständlicherweise so wichtig sind, lassen sich nämlich auf Themen herunterbrechen, die Menschen aller möglichen Kulturen rational zu lösen versuchten: Haben in meiner Gruppe alle die gleichen Rechte? Wer von uns erhält welche Ausbildung? Sollten wir unsere Anführer von einer Volksversammlung legitimieren lassen? Sollten wir die Macht in unserer Gruppe auf mehrere verteilen? Sollten einige von uns unfrei sein und den anderen dienen? Sollten wir fremde religiöse Vorstellungen in unserer Gruppe akzeptieren? Was ist kritikwürdig an unseren religiösen Autoritäten?

Diese Fragen sind fundamental für das menschliche Zusammenleben in größeren Gemeinschaften. Sie wurden und werden in vielen Sprachen, Regionen und Zeiten gestellt und haben zahlreiche kluge und weniger kluge, praktikable und weniger praktikable Antworten hervorgerufen, wie die Europäer aus der weniger eurozentristischen historischen Forschung der jüngeren Zeit lernen konnten.

In den frühen Schriften des Konfuzianismus in China, vor allem bei Mengzi und Xunzi im 4. bis 3. Jahrhundert v. Chr., werden Kriterien für Autorität und Legitimität der Herrscher diskutiert, insbesondere die Fähigkeit, bei Interessenkonflikten für soziale Harmonie zu sorgen. Konfuzianische Autoren behandeln auch den Widerstand gegen ungerechte Herrschaft, thematisieren freie Rede, den Wert von Bildung und kritisieren Aberglauben. Auf dem indischen Subkontinent entwickelten sich starke Formen der Religionskritik und des Atheismus, vor allem bei den buddhistischen Denkern des 4. bis 8. Jahrhunderts, die ausführliche Argumente gegen die Existenz eines Schöpfergottes und gegen die Vorstellung formulieren, dass Gehorsam, Gebete und Rituale die Gottheit beeinflussen könnten. Im subsaharischen Afrika, zum Beispiel in den Bantu-Gesellschaften Zentralafrikas im 12. bis 15. Jahrhundert und bei den Aschanti in Ghana im 17. bis 19. Jahrhundert, weisen die Dorfgemeinschaften viele demokratische Züge auf. Im Vergleich zu Asien und Europa haben sich weniger Texte aus diesen afrikanischen Kulturen erhalten, doch bieten sie trotzdem hinreichend Indizien für die Existenz von politischem Denken, von Kritik an Privilegien und an religiösen Praktiken. Man sollte sich also davor hüten, diese Themen für Europa vereinnahmen zu wollen. Die Hoffnung auf Vernunft in diesem Sinne ist eine ungeheuer wichtige Triebkraft der Geschichte. Wir begegnen ihr immer wieder seit den Anfängen der schriftlichen Überlieferung. Sie ›europäisch‹ zu nennen wäre anmaßend.

Damit kehren wir zur dritten Möglichkeit zurück, das Eingangszitat über die »Hoffnung auf Vernunft« und den »Geist der Aufklärung« zu verstehen, nämlich als Aussage über spezifische Ideen der Aufklärungszeit. Dazu müssen wir über Schlagworte wie ›Freiheit, Gleichheit, Brüderlichkeit‹ hinausgehen. Ich möchte nur eine Möglichkeit am Beispiel der Staatstheorie andeuten. Die politischen Denker der Aufklärung beschränkten sich nicht auf Schlagworte. Sie argumentierten, dass die Menschen im vorstaatlichen Naturzustand gleich und frei seien, dass sie jedoch ohne eine staatliche Ordnung nicht sicher leben könnten. Vielmehr würden sie sich im Zustand des Krieges eines jeden gegen jeden (Thomas Hobbes) oder zumindest in einem wilden Wettkampf zwischen an sich guten Menschen (Jean-Jacques Rousseau) befinden. Die Einrichtung staatlicher Herrschaft ist daher ein zweckrationales Gebot der Vernunft, um das Überleben des Einzelnen zu sichern – oder nach John Locke und Immanuel Kant: ein moralisches Gebot der Vernunft. Der Staat ist das Produkt der Einigung einer Gruppe von Menschen, das man als Vertrag beschreiben kann. Der derart eingesetzte und legitimierte Staat schützt die Bürgerinnen und Bürger voreinander nach innen und vor Feinden nach außen. Der Staat garantiert die gleichen Rechte der einzelnen Individuen seines Gemeinwesens. Er ist demokratisch und parlamentarisch-repräsentativ organisiert. Die staatliche Herrschaft wird begrenzt durch die Rechte der Bürgerinnen und Bürger und durch die Teilung der Gewalten im Staat. Die menschlichen Gemeinschaften geben sich zu diesem Zweck eine Verfassung, an die die Gewalten, insbesondere der Gesetzgeber, auf Dauer gebunden sind.

Kein Staatsphilosoph der Aufklärung (wie Thomas Hobbes, John Locke, Charles Montesquieu, Jean-Jacques Rousseau, Immanuel Kant oder Emanuel Sieyès) hat alle genannten Punkte gleichzeitig vertreten, denn einige favorisierten die Monarchie, andere einen Staat ohne Verfassung. Und manche der genannten Thesen finden sich auch in anderen Zeiten und Kulturen formuliert. Trotzdem kann man die Gesamtkonzeption eines vom Naturzustand abgeleiteten Verfassungs- und Rechtsstaates, wenn sie so detailliert beschrieben wird, als Produkt westeuropäischen Denkens der Aufklärungszeit bezeichnen – mit der wichtigen Einschränkung, dass die nordamerikanischen Kolonisten und ihre Verfassungsdokumente in dieser Geschichte eine wesentliche Rolle spielten. In diesem detaillierten Sinne kann es sinnvoll sein, vom europäischen »Geist der Aufklärung« und der europäischen »Hoffnung auf Vernunft« zu sprechen. Oder anders ausgedrückt: Nur dann, wenn wir uns die Mühe machen, historisch konkret zu werden, lässt sich ein kultureller Europa-Begriff verwenden, ohne in koloniale Arroganz zu verfallen.

Diese historische Konkretheit hat allerdings einen Preis. Je konkreter wir formulieren, desto unvertrauter werden die Ideen der Vergangenheit und desto schwerer fällt ihre Übertragung in unsere Zeit. Das gilt auch für die Verfassungskonzeptionen der Aufklärung. Denn manches an ihnen ist durchaus befremdlich. Vermutlich halten nur wenige Staatstheoretiker unserer Zeit die Existenz staatlicher Herrschaft für eine Vernunftwahrheit, die sich aus dem Naturzustand des Menschen notwendig ableiten lässt. Der Naturzustand des Menschen ist außerdem eine reine Vorstellung, eine Fiktion, denn empirische Daten gibt es nur zum Menschen im Kulturzustand. Wollen wir aber zulassen, dass Fiktionen bei der Begründung von Verfassungsgrundsätzen eine Rolle spielen? Die Verfassungsideen der Aufklärung bedürfen also der Kritik, und dazu müssen sie so weit konkretisiert werden, dass ihre Vor- und Nachteile hinreichend verstanden werden können. Diese unangenehme Konkretheit historischer Konzepte müssen wir einander zumuten, wollen wir Europa nicht exklusiv das zurechnen, was auch anderen Kontinenten gehört.

Die Nachteile des aufklärerischen Begriffs von Europa

Der kulturelle Begriff eines Europas der Aufklärung und der Vernunft hat also zwei entscheidende Nachteile, einen inhaltlichen und einen formalen:

Inhaltlich gesehen legt dieser Begriff nahe, dass es den Geist der Aufklärung, im Sinne eines Aufrufs zu eigenständigem Vernunftgebrauch und im Sinne rationaler Modernisierungs-, Bildungs- und Säkularisierungsbewegungen außerhalb Europas nicht gab. Das aber ist historisch alles andere als überzeugend. Es muss viel konkreter benannt werden, welche spezifischen Ideen im Europa der Aufklärung entwickelt wurden.

Doch lassen sich diese Ideen aufgrund ihrer historischen Fremdheit dann nicht mehr umstandslos in unsere Zeit übertragen.

Formal gesehen ist der Begriff deshalb problematisch, weil er ausgrenzt. Die Geschichte seiner Geburt in der Barock- und Aufklärungszeit hat dies deutlich gezeigt. Europa wird ›europäisiert‹, der Kontinent wird zu einer Kultur. Der neue Begriff richtet einen doppelten Schaden an, im Außen- und im Innenverhältnis. Er verzerrt den Blick auf die Länder außerhalb Europas. Wenn Purchas und Zedler Europa als den Erdteil beschreiben, der den anderen Erdteilen in allen Faktoren überlegen ist, sind sie von kolonialer Selbstüberschätzung geblendet. Gerade in den so gelobten Wissenschaften und Künsten gab es blühende Zentren außerhalb Europas in der frühen Neuzeit: zum Beispiel im safavidischen Iran, im indischen Mogulreich oder im neukonfuzianischen Japan der Edo-Zeit. Manche europäische Aufklärer des 18. Jahrhunderts wie Christian Wolff, Voltaire, Johann Gottfried Herder oder Georg Forster waren sich dieser Problematik durchaus bewusst. Voltaire verlegte die außereuropäischen Blütezeiten in die Vergangenheit, so dass Europas gegenwärtige Überlegenheit weiterhin behauptet werden konnte. Der Schaden bleibt aber: Dieser kulturelle Europa-Begriff macht alle nichteuropäischen Länder zu Kulturen zweiter Klasse.

Die Europäisierung Europas findet eine Parallele in der Orientalisierung des Orients durch die Europäer, die der Literaturwissenschaftler Edward Said und viele nach ihm analysiert haben. Europäische Texte über die kolonialisierten Länder haben aus diesen Ländern einen »Orient« gemacht, einen Osten, der anders ist als der Westen. Die Redeweisen der Orientalisierung und der Europäisierung unterscheiden sich jedoch in einem wichtigen Punkt: Der Orient wurde von außerhalb orientalisiert, von den Diskursen der Kolonialmächte. Im Fall Europas hingegen lag die Beschreibungshoheit bei den Europäern selbst, mit allen Konsequenzen, die ein Missbrauch dieser Machtposition möglich machte. Die Europäisierung Europas führte zur Selbststilisierung der Mittelwesteuropäer als Erfinder und Bewahrer kultureller und geistiger Werte, ohne dass Nichteuropäer genug Einfluss hätten haben können, als Korrektiv dieser Selbstbeschreibung Einfluss zu nehmen. Fremdbeschreibungen haben ihre tiefen Spuren in der Geschichte hinterlassen, vor allem in der Darstellung von Kolonien und ihren Bewohnerinnen und Bewohnern – Selbstbeschreibungen jedoch auch.

Der aufklärerische Begriff Europas als einer Kultur von Ideen richtet also auch innereuropäischen Schaden an. Er geht mit einer Verengung des geographischen Europa-Begriffs einher und schließt das muslimische Europa und das christlich-orthodoxe Europa aus. Der Preis der Ausgrenzung ist hoch. Sie verengt unseren Blick auf eine französisch-englisch-deutsche Provinz Europas und suggeriert, dass hier seine Essenz zu finden sei.

Warum lassen wir uns davon beeindrucken? Unter anderem deshalb, weil wir die Stimmen anderer Europäer nicht hören, die den geographischen Europa-Begriff weiterhin verwenden – wie zum Beispiel der erwähnte russische Aufklärer Vasilij Tatiščev (1686–1750), der leitende Regierungsämter im Ural, in Orenburg und Astrachan bekleidete und für den Ural als natürliche Grenze zwischen Europa und Asien argumentierte.

Oder der spanische Muslim al-Ḥağarī (ca. 1570 – ca. 1640), der sich ein Leben lang für die aus Spanien vertriebenen *Moriscos*, die zum Christentum zwangskonvertierten Muslime, einsetzte und im 17. Jahrhundert über Europa (اوروبة) schrieb: »In diesem Erdteil liegt die riesige Stadt, von der in aller Welt bekannt ist, dass sie die größte aller Städte ist: […] Konstantinopel.« (في هذا الربع هي المدينة العظمى الشهيرة في الدنيا انّها اعظم مدنها ... وهي القسطنطينية)

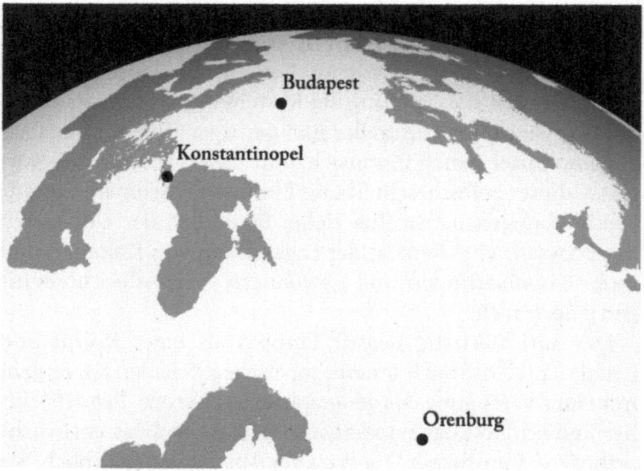

Europa von Osten

Und: »Was in Europa nicht zum Islam gehört, gehört zu den Christen.« Das ist vom osmanischen Konstantinopel aus gesehen eine durchaus verständliche Sicht.

Oder der Budapester Rabbiner Moses Kunitzer (1774–1837), der sich 1818 die europäischen Juden in der Türkei und in Italien zum Vorbild für Reformen wählte. Er plädierte dafür, auch in den aschkenasischen Gemeinden Mittel- und Osteuropas die vermeintlich kultiviertere sefardische Aussprache für die hebräischen Gebete zu übernehmen; schließlich würden die Juden, die »in Europa in den Städten der Türkei und den Städten Italiens« wohnen (ובאיי״ראפא בערי תוג״רמא וערי איטא״ל״יא), auch die sefardische Aussprache verwenden – also zum Beispiel die großen jüdischen Gemeinden des Osmanischen Reiches in den europäischen Städten Konstantinopel, Saloniki oder Edirne.

Tatiščev, al-Ḥağarī und Kunitzer sprechen von kulturellen Zentren Europas, die manche ihrer von kolonialem Überlegenheitsdenken geprägten Zeitgenossen in Frankreich, England und Deutschland aus ihrem kulturellen Europa bereits vollständig ausgeschlossen hatten. Von diesem Ausgrenzungsdenken sollten wir uns nicht prägen lassen. Der Europa-Begriff muss dringend entkolonialisiert werden.

2 Entromantisierung

> Es gibt drei Hügel, von denen das Abendland seinen Ausgang genommen hat: Golgatha, die Akropolis in Athen, das Capitol in Rom. Aus allen ist das Abendland geistig gewirkt, und man darf alle drei, man muß sie als Einheit sehen.

So hat sich 1950 der Präsident der Bundesrepublik Deutschland, Theodor Heuss, ausgedrückt. Er bringt mit diesem eindrucksvollen Satz die humanistisch-christliche Idee Europas auf den Punkt, auch wenn er statt ›Europa‹ die nur im Deutschen gebräuchliche Bezeichnung ›Abendland‹ verwendet, die in den Nachkriegsjahren besonders populär war. Andere haben ähnliche Formulierungen für das geistige Wesen Europas gefunden: Die Kultur Europas ist von drei Leitorten bestimmt, Jerusalem, Athen und Rom. Oder: Die jüdisch-christliche und die griechisch-römische Kultur sind die Hauptschlagadern Europas. Mit diesen Sätzen ist gemeint: Den antiken Griechen verdanke Europa, neben vielem anderen, Wissenschaft, Philosophie, Philologie und Demokratie; dem Römischen Reich das Recht, die Rechtswissenschaft und das Konzept einer Republik; der jüdisch-christlichen Tradition die Wertschätzung des einzelnen Menschen als Ebenbild Gottes; dem Christentum die Idee der Gleichheit aller Menschen vor Gott, die Idee der Feindesliebe und die Theologie als Wissenschaft; und manche fügen noch hinzu: dem Judentum die Idee eines moralischen Gesetzes.

Die Einheit dieser Traditionen, so die These, wurde durch die Ausbreitung des Christentums auf dem europäischen Kontinent ermöglicht. Tatsächlich waren um das Jahr 1000 weite Teile des Kontinents zumindest oberflächlich christianisiert. Fast alle herrschenden Fürsten Europas hatten sich zum Christentum lateinischer oder orthodoxer Prägung bekehrt – mit

Ausnahme einer Reihe von heidnischen Völkern im Ostseeraum und der Juden und Muslime in Europa.

Die Renaissancezeit von etwa 1350 bis 1550, die Epoche einer erneuten ›Wiedergeburt‹ der Antike, verstärkte noch einmal die Verbindung christlicher und antiker Traditionen, da wichtige Protagonisten der Renaissance wie Francesco Petrarca, Marsilio Ficino und Desiderius Erasmus gleichzeitig christliche Reformdenker waren.

Seit dieser Zeit bilden Antike und Christentum zentrale Pfeiler europäischer Bildung. Und nicht nur das: Die christlichen und humanistischen Ideale haben für viele Menschen zeit- und kulturübergreifende Bedeutung bis heute, eine Bedeutung, die 2017 so ausgedrückt wurde: »Die Verbindung von Athen und Rom mit Jerusalem bleibt für eine säkulare Gesellschaft auch in Zeiten der Globalisierung unverzichtbar gültig.« Man müsse sie Christen wie Nichtchristen zumuten.

Ein solcher Begriff von Europa ist seiner Tendenz nach ein konservativer Begriff, da er Europa durch gemeinsame kulturelle Traditionen definiert und zur Rückbesinnung auf fundamentale Epochen der europäischen Vergangenheit auffordert. Er wird daher eher im rechtsliberalen und konservativen politischen Spektrum verwendet, findet sich aber auch außerhalb politischer Kontexte in vielen Bildungsprogrammen und Schulbüchern Europas. Populär wurde dieser Europa-Begriff erst spät, etwa um 1800, im Kontext der westeuropäischen Romantik. Denn um die griechisch-römische Tradition mit dem Europagedanken zu verbinden, bedurfte es als Voraussetzung der Idee eines christlichen Europas. Romantiker wie Novalis (1772–1801) oder François Chateaubriand (1768–1848) beklagten den Verlust der Einheit Europas und sehnten sich nach der Zeit des Mittelalters zurück, in der Europa, wie sie meinten, ein einziges christliches Land gewesen war. Dieser ursprünglich romantische Begriff einer antik-christlichen europäischen

Kultur erlebte in den Jahrzehnten nach dem Zweiten Weltkrieg seine vermutlich größte Blütezeit, als nach neuer moralischer Orientierung gesucht wurde.

Selbst wer kein Anhänger humanistischer oder christlicher Bildung ist, muss anerkennen, dass die Errungenschaften dieser Traditionen beträchtlich sind und dass Antike und Christentum die europäische Kultur enorm geprägt haben. Was also sollte an diesem sympathischen Europa-Begriff problematisch sein?

Beginnt alles mit den Griechen?

Das vorherige Kapitel hat deutlich gemacht, dass die Etikettierung des Aufklärungsdenkens als »europäisch« problematisch ist, wenn unter »Aufklärung« allgemein Kants Aufruf zum Selbstdenken oder, etwas konkreter, die großen Themen des aufklärerischen Denkens des 18. Jahrhunderts verstanden werden.

Im romantischen Europa-Begriff spielt der ›Geist der Griechen‹ eine parallele Rolle zum ›Geist der Aufklärung‹ im kolonialen Europa-Begriff. Nur das Vokabular hat gewechselt. Es bestehe Einigkeit darüber, dass »die Griechen viel für die ›Aufklärung‹ getan haben, daß sie den Weg ›Vom Mythos zum Logos‹ gegangen sind«, schrieb der klassische Philologe Bruno Snell 1946 (im Anschluss an seinen Kollegen Wilhelm Nestle) in seinem einflussreichen Buch *Die Entdeckung des Geistes* und sieht darin die »Entstehung des europäischen Denkens«. Vom Mythos zum Logos meint hier: von einer mythischen zu einer vernunftgeleiteten, rationalen, wissenschaftlichen Deutung der Welt, sozusagen von Homer zu Sokrates. Die Verwendung dieses Vokabulars bei Nestle und Snell ist problematisch, weil es suggeriert, dass sich der Geist der Vernunft in der Geschichte zielgerichtet entfaltet. Doch auch ohne den Ausdruck »vom Mythos zum Logos« ist die europäische Berufung auf den Geist der Griechen und ihre Empfehlung an die Welt als »unverzichtbar« bedenklich. Sie lässt sich, wie zuvor die Berufung auf die Aufklärung, in drei Stufen vom Allgemeinen zum Konkreten analysieren und kritisieren:

Erstens kann auf ganz allgemeine Weise gemeint sein, dass jeder Mensch europäisch denkt, der wie die griechischen Denker das scheinbar Selbstverständliche hinterfragt und von sich und anderen verlangt, rationale Gründe für seine Thesen und sein Verhalten zu geben. Wer sich jedoch mit anderen Kulturen als den Mittelmeerländern beschäftigt, erkennt leicht, dass diese Form der rationalen Einstellung zur Welt, die man auch ›philosophisch‹ nennen kann, keineswegs auf Griechenland und Europa beschränkt ist. Philosophisches Denken entwickelte sich in mehreren Regionen der Welt vollkommen unabhängig von Griechenland, insbesondere in Indien und China. Philosophische Einstellungen zur Welt lassen sich auch in manchen mündlichen Traditionen des subsaharischen Afrika erkennen, wie etwa in den Theorien der Person und des Personseins bei den Akan-Völkern, die ab dem 14. Jahrhundert in westafrikanischen Küstenregionen lebten. Frühere Versuche, zwischen westlicher ›Philosophie‹ und östlicher ›Weisheit‹ zu unterscheiden und auf diese Weise Metadenken und Reflexion höherer Ordnung für die westliche Welt zu reservieren, haben sich als historisch unhaltbar erwiesen. Wer sich beispielsweise für skeptizistische Argumente interessiert, wird bei Cicero in der Antike genauso fündig werden wie bei den indischen Autoren Nāgārjuna, Jayarāśi und Śrīharṣa im 2., 9. und 12. Jahrhundert. Und Theorien moralischer Motivation finden sich bei Aristoteles ebenso wie bei Mengzi und Xunzi im 4. bis 3. Jahrhundert v. Chr., den beiden berühmten Denkern des chinesischen Konfuzianismus. Über Sätze wie »Nur in Griechenland ist das theoretische Bewußtsein selbständig entstanden« (Snell) können wir heute also eigentlich nur noch den Kopf schütteln.

Zweitens kann in einem weniger allgemeinen Sinne gemeint sein, dass die Griechen nicht generell als Denker zum globalen Vorbild erhoben werden, sondern als Begründer zahlreicher, ganz unterschiedlicher Wissenschaften, deren teils empirische, teils rational-wissenschaftliche Weltdeutung die europäische Kultur bis heute prägen: als Begründer der Mathematik, Medizin und vieler Naturwissenschaften wie der Astronomie oder der Zoologie sowie als Begründer der Philologie und ihrer Methode der Textkritik, der Ethik in ihren vielfältigen Formen wie der Tugendethik des Aristoteles und der politischen Theorie, insbesondere der Theorie der Demokratie.

Doch auch diese Empfehlung griechischer Traditionen wäre anmaßend. Denn das wissenschaftliche Denken begann nicht mit den Griechen. Die meisten griechischen Naturwissenschaften sind Weiterentwicklungen der Naturwissenschaften des Alten Orients, insbesondere Ägyptens und Mesopotamiens. Für Astronomie, Astrologie, Mathematik, Medizin und Pharmakologie lässt sich dies besonders gut zeigen, denn die Parallelen in Textformen und Inhalt sind eindeutig.

Wie aber kam es dazu? In der Forschung gilt als das wahrscheinlichste Szenario, dass es im östlichen Mittelmeerraum wandernde Fachleute, ›migrant craftsmen‹, gab: Tempelarchitekten, Ingenieure, Experten für Vasenkunst, Statuen und Metallverarbeitung, Schrift- und Verwaltungsexperten, Mediziner und Fachleute für Land- und Zeitmessung oder für Astronomie. Sie sprachen mehrere Sprachen, waren teilweise in Berufsgruppen organisiert und wanderten zum nächsten Herrscher oder zur nächsten Stadt, in der es Aufträge und Bezahlung gab.

Im 9. bis 7. Jahrhundert v. Chr. führte diese Kultur der wandernden Experten zu einer besonders intensiven Ost-West-

Übermittlung von kulturellen Praktiken: In griechischen Städten wurde das westsemitische Alphabet, aber auch viele wissenschaftliche Praktiken der Mesopotamier und Ägypter wie medizinische Symptombeschreibung, pharmakologische Rezeptliteratur oder mathematische Lösungen für Bau- und Landvermessungsprobleme übernommen. In den folgenden Jahrhunderten rezipierten die Griechen komplexeres Wissen aus Westasien, insbesondere die systematisch notierten Daten der Sternbeobachtung der Babylonier und ihre Vorhersagen planetarischer Phänomene mithilfe mathematischer Algorithmen.

Besonders wichtig ist, dass schon in den frühen Jahrhunderten nicht nur Inhalte, sondern grundlegende Formen wissenschaftlicher Rationalität weitergegeben wurden, die der Alte Orient ausgebildet hatte: Hypothesenbildung, Klassifikation, Beschreibung von Regelmäßigkeiten, Vorhersagen. Im 6. und 5. Jahrhundert v. Chr. wurden die nahöstlichen Wissenschaften zwar von den Griechen in einer Weise weiterentwickelt, die selbst wiederum höchst einflussreich war: durch erneute Theoretisierung, durch Abstraktion und Systematisierung. Die hippokratische Medizin erklärte Krankheiten jetzt mithilfe der Theorie der Säfte; in der Mathematik bildeten sich eigene Textformen heraus, die das Wissen in Axiomen und Ableitungen darstellten. Doch die Tradition der wissenschaftlichen Rationalität, die viele für ein Fundament europäischer Kultur halten, beginnt nicht bei den Griechen, sondern bei deren Vorgängerkulturen in Ägypten und Mesopotamien, also in Nordafrika und Westasien. Der Satz ›Mit den Griechen fing alles an‹ ist das Pendant zum kolonialen Überheblichkeitsdenken der Aufklärungszeit.

Die Bezeichnung der Griechen als Begründer der Wissenschaften wäre auch deshalb anmaßend, weil die ›nur in Griechenland‹-Voraussetzung nicht stimmt – selbst wenn wir diese in ›nur im nahöstlich-mittelmeerischen Raum‹ umformulieren wollten. Naturwissenschaften entwickelten sich auf beeindruckende Weise in vielen Hochkulturen wie in China und Indien und vermutlich auch in der mittelamerikanischen Mayakultur, soweit sich das aus den wenigen Zeugnissen rekonstruieren lässt, die die spanischen Missionare nicht zerstört, sondern gerettet haben. Die Geschichte der Philologie wiederum findet ihre Helden nicht nur in dem Griechen Kallimachos (3. Jh. v. Chr.), sondern auch in Pāṇini, dem indischen Sanskrit-Grammatiker (ca. 5. Jh. v. Chr.), den hebräischen und lateinischen Bibelexperten oder den arabischen Grammatikern. Von Tugendethik sprechen viele Philosophiehistoriker nicht nur bei Aristoteles, sondern auch bei Konfuzius in China (6./5. Jh. v. Chr.) oder bei Śāntideva in Indien (7./8. Jh.). Wer daher die »unverzichtbare Gültigkeit« des griechischen Denkens für die globale Gesellschaft unserer Zeit empfiehlt, sollte genau überprüft haben, ob er nur deshalb eine Empfehlung ausspricht, weil er vorher nicht nach rechts und links geschaut hat.

Selbst bei der »Erfindung« der Demokratie sollten wir genauer hinsehen. Und damit sind wir bei der dritten Stufe angelangt, der historischen Konkretisierung, deren Notwendigkeit sich an vielen Beispielen antiker Kultur demonstrieren ließe. Nehmen wir also den Fall der Demokratie. Auch hier wird nicht sofort klar, was genau das Besondere an der griechischen Entwicklung sein könnte. Denn die Bestätigung von Anführern durch eine Gruppe, die sich in einer Volksversammlung wie dem germanischen Thing oder in afrikanischen oder indischen Dorfgemeinschaften trifft, findet sich in vielen Kulturen. In Athen nun wurde am Ende des 6. Jahrhunderts v. Chr. unter Kleisthenes eine Form der Demokratie eingerichtet, die allen männlichen Bürgern einer großen Oberschicht gleiche Rechte der Teilhabe an der Macht einräumte, wichtige Posten per Losentscheid vergab und auch »Demokratie« genannt wurde.

Politische Denker wie Platon und Aristoteles haben verschiedene Formen der Herrschaft voneinander unterschieden und ihre Vor- und Nachteile diskutiert. Die Demokratie ist allerdings nicht ihre favorisierte Herrschaftsform. Platon forderte die Herrschaft der Besten und kritisierte an der Demokratie die Tendenz, das beim Regieren nötige Expertenwissen zu untergraben. Der Standpunkt des Aristoteles ist schwerer einzuschätzen: War er ein Wegbereiter der modernen Demokratie oder ein Gegner der Demokratie seiner Zeit und ein Befürworter der Aristokratie? Er sieht in der Demokratie die Gefahr der Herrschaft einer armen und ungebildeten Mehrheit. Sein Kriterium für eine gute Herrschaftsform ist, dass sie dem guten Leben aller dient, jedenfalls aller männlichen Bürger, denn Sklaven, Zugezogene und Frauen sind vom politischen Leben ausgeschlossen.

In Anbetracht dieser Details – Losentscheid, Sklaven, das gute Leben, Vorrang der Aristokratie – wird die politische Praxis und die politische Philosophie der Griechen intellektuell herausfordernd, gerade in ihrer historischen Komplexität, die auf uns auch befremdlich wirken kann. Dann können wir sie von anderen politischen Entwürfen unterscheiden und ihre Vor- und Nachteile diskutieren. Nur in dieser historischen Konkretheit ist es sinnvoll, griechische Denker der heutigen Weltgemeinschaft zu empfehlen und sich als ihr Fan zu bekennen.

Aber sprechen wir dann auch von Europa?

Wie europäisch sind die griechischen und römischen Kulturen?

Im Mittelalter, so hat sich gezeigt, wird der Europa-Begriff, von ganz wenigen Ausnahmen abgesehen, noch nicht über seine geographische Bedeutung hinaus ausgedehnt, und zwar weder in Richtung eines Heimat-Begriffs noch in Richtung eines kulturellen Begriffs. Auch in der Antike finden wir so gut wie keine Ansätze für ein europäisches Wir-Gefühl. Einige antike Klimazonen-Theoretiker sprechen zwar durchaus positiv von den Europäern und schreiben ihnen größeren kriegerischen Mut zu als den Bewohnern Asiens. Ansonsten aber bleibt die Verwendung rein geographisch-beschreibend, zum Beispiel, wenn Alexander der Große und Augustus als Herrscher über Europa und Asien einschließlich Afrika gepriesen werden.

Die griechischen Wörter »Asia«, »Libyē« und »Eurōpē« bezeichneten zunächst mythologische Figuren und wurden im 6. und 5. Jahrhundert v. Chr. von griechischen Geographen auf die Erdteile übertragen, die vielleicht schon von den Ägyptern unterschieden wurden. Die genauen Umstände dieser Namensgebung waren auch Herodot unbekannt, dem berühmten griechischen Historiker der Perserkriege des 5. Jahrhunderts v. Chr. Er unterscheidet zwischen Europa und Asien mit dem Bosporus als Grenze. Zu Asien rechnet er auch Libyen, das die Römer später »Africa« nannten:

> Von Europa aber weiß offenbar niemand etwas Genaues, weder über den Osten noch über den Norden, ob es da vom Meer umgeben ist. Von seiner Länge wissen wir: Es übertrifft die beiden anderen Erdteile. Ich kann mir auch nicht zusammenreimen, warum man den Erdteilen, die doch eigentlich ein ganzes Land bilden, drei Namen gegeben hat, und zwar Frauennamen.

Das klingt skeptisch. Tatsächlich war es Herodot wichtiger, zwischen Griechen und Barbaren als zwischen Erdteilen zu unterscheiden. Mit »Barbaren« meinte er dabei nicht nur die Perser, sondern auch alle diejenigen in Europa und anderswo, die nicht Griechisch sprachen. Herodot konnte mit dem Europa-Begriff wenig anfangen. Das ist auch deshalb kein Wunder,

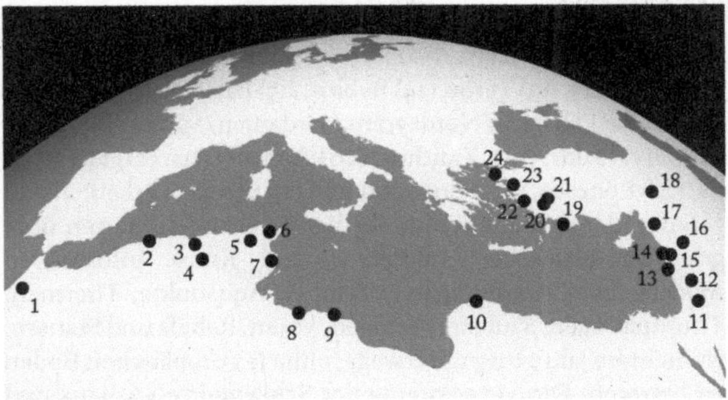

Griechische und römische UNESCO-Weltkulturerbestätten in Nordafrika und Westasien

weil er aus Halikarnassos in Kleinasien, also aus dem Südwesten der heutigen Türkei, stammte. Rein geographisch gesehen ist Herodot sozusagen der asiatische Vater der europäischen Geschichtsschreibung.

Das Beispiel Herodots verdeutlicht, wie problematisch es ist, das antike Griechenland und Rom ›europäisch‹ zu nennen. Die griechischen und römischen Zivilisationen der Antike waren in erster Linie Mittelmeerküsten-Kulturen: europäisch, asiatisch und afrikanisch zugleich. Natürlich bezeugen die Reste zahlreicher antiker Bauwerke auf europäischem Boden, wie stark die Griechen und Römer Europa geprägt haben. Der gesamte Nahe Osten war jedoch bereits voller griechischer Säulen, als diese in Nordeuropa allenfalls als südländische Mode bekannt waren. Die ionische Säulenordnung zeigt schon im Namen an, dass sie im kleinasiatischen Ionien entstand. Und die Liste der griechischen und römischen UNESCO-Weltkulturerbestätten in Nordafrika und Westasien ist lang und eindrucksvoll: (1) Volubilis (Marokko), (2) Tipasa, (3) Cuicul, (4) Thamugadi (Algerien), (5) Thugga, (6) Karthago, (7) Thysdrus (Tunesien), (8) Sabratha, (9) Leptis Magna, (10) Kyrene (Libyen), (11) Kastron Mefaa, (12) Bosra, (13) Tyros, (14) Byblos, (15) Baalbek, (16) Palmyra, (17) antike Dörfer in Nordsyrien (Jordanien/Syrien/Libanon), (18) Diyarbakir, (19) Xanthos, (20) Aphrodisias, (21) Hierapolis, (22) Ephesos, (23) Pergamon und (24) Troja (Türkei).

Jeder, der sich anhand dieser herausragenden Stätten über griechisch-römische Architektur und Kunst informieren möchte, über Amphitheater, Tempel, Aquädukte, Thermen, Triumphbögen, Säulenordnungen, Vasen, Reliefs und Statuen, ist mehrere Jahre lang unterwegs, ohne je europäischen Boden zu betreten. Die Verwendung der Schlagworte »Athen« und »Rom« und ihrer Hügel »Akropolis« und »Kapitol« als Stellvertreter für griechische und römische Kultur ist daher irreführend und eurozentristisch verzerrend. Sie suggerieren, dass wir es mit europäischen Mächten zu tun haben. Das Besondere an den griechischen und römischen Kulturräumen ist aber gerade, dass sie die drei Kontinente verbinden, räumlich wie geistesgeschichtlich.

Nehmen wir das Beispiel des berühmten griechischen Astronomen, Astrologen und Kartographen Klaudios Ptolemaios, dessen ›ptolemäisches Weltbild‹ mit der Erde im Zentrum des Kosmos so wichtig für das europäische Selbstverständnis bis Kopernikus war. Ptolemaios lebte im 2. Jahrhundert n. Chr. in Alexandria in der römischen Provinz Aegyptus, wie 400 Jahre vor ihm der Mathematiker Euklid oder der Dichter Kallimachos, für manche der bedeutendste Philologe der Weltgeschichte. Ptolemaios war Grieche mit römischem Bürgerrecht, wie der Name »Klaudios« anzeigt. Er wohnte in einer überwiegend griechischen Stadt, zusammen mit Römern, Ägyptern, einigen wenigen Juden und Judenchristen, die die Niederschlagung des jüdischen Aufstands in Alexandria durch die Römer 115 n. Chr. überlebt hatten, und vermutlich vielen anderen Menschen unterschiedlicher Kulturen, Sprachen und Hautfarben, vor allem Sklaven und Händlern. Es wäre absurd, Ptolemaios, Euklid oder Kallimachos als Europäer zu bezeichnen. Vermutlich hätten sie sich auch nicht als Afrikaner bezeichnet, obwohl das nähergelegen hätte, sondern auf die Erdteilnamen überhaupt verzichtet und gesagt: Wir sind Griechen aus Ägypten.

Wie können wir vor diesem Hintergrund das Verhältnis zwischen antiker Kultur und Europa genauer beschreiben? Ein häufig beschrittener Weg besteht darin, keinen geographischen, sondern einen kulturellen Europa-Begriff zu verwenden, der zu Europa alle Griechen und Römer zählt, und zwar unabhängig davon, wo sie gelebt haben. So gesehen ›entsteht‹ das europäische Denken auch in Alexandria und ›beginnt‹ die europäische Geschichte auch im asiatischen Troja und in Hippo, dem nordafrikanischen Bischofssitz des Augustinus. Dieses kulturelle Europa erstreckt sich bis zu den griechischen Kolonisten in den Städten am Indus im heutigen Pakistan, die Alexander der Große gegründet hatte, und umfasst alle großen Zentren Nordafrikas.

Ein solcher Europa-Begriff ist aber aus mehreren Gründen ausgesprochen bedenklich: Erstens widerspricht er der Selbstbeschreibung der Griechen und Römer. Zweitens strapaziert er auf dramatische Weise die Geographie. Zu keiner Zeit der Geschichte wurde das Tal des Indus von irgendeinem Geographen zu Europa gerechnet. Drittens ist ein solcher Begriff anmaßend gegenüber den Nachbarkontinenten Europas. Mit gleichem Recht könnten asiatische Geschichtsschreiber sagen, die Geschichte Asiens beginne in Athen und im italienischen Thurioi am Golf von Tarent, wo Herodot in späteren Jahren gelebt hat, oder die afrikanische beginne in Mailand oder Rom, den Wirkungsorten des Augustinus, bevor er nach Nordafrika zurückkehrte. Mit anderen Worten: Dann ›gehören‹ Athen und Tarent zum kulturellen Asien, Mailand und Rom zum kulturellen Afrika. Es war bloß eine Frage der Macht, dass sich die europäische Vereinnahmung der Nachbarkontinente für die eigene Tradition durchgesetzt hat – und nicht umgekehrt die afrikanische oder asiatische Vereinnahmung Europas.

Es spricht also viel dafür, von einem solchen Sprechen über Europa und die Antike Abschied zu nehmen. Man könnte nun einwenden, dass die Alexandriner Euklid, Kallimachos und Ptolemaios deshalb zu Europa gehören, weil sie auf dem Kontinent Europa in späteren Jahrhunderten besonders intensiv gelesen und rezipiert wurden. Oder wie es manchmal pathetischer ausgedrückt wird: weil ihr Erbe in Europa nie vergessen wurde. Das ist wahr, doch wurde das Erbe indischer Mathematik in Europa auch nie vergessen. Gehört Indien deshalb zum kulturellen Europa? Intensive Rezeption macht aus Autoren noch keine Einheimischen.

Das Rezeptionsargument überzeugt noch aus einem weiteren Grund nicht: Griechische und römische Autoren wurden auch in Afrika und Asien rezipiert, manche von ihnen viel intensiver als in Europa. Bevor Ptolemaios' mathematische Astronomie ihren europäischen Siegeszug antrat, hatte sie auf Syrisch, Arabisch, Hebräisch und Persisch schon viele Leser in Asien und Afrika gefunden. 1271 wurde ptolemäische Astronomie sogar am kaiserlichen Hof in China in Form eines Instituts für islamische Astronomie institutionell verankert, das parallel zum Institut für chinesische Astronomie tätig war und bis in das 17. Jahrhundert Bestand hatte. Und aus dem Chinesischen gelangte ptolemäische Astronomie ins Koreanische. Es ist also abwegig, zu behaupten, Ptolemaios gehöre aufgrund seiner Rezeption zu Europa.

Der Hinweis auf die Rezeption ist jedoch auf andere Weise wichtig, denn er führt uns zu einer Möglichkeit, das Verhältnis von Antike und Europa treffender zu beschreiben. Nur ein Teil griechischer und römischer Geschichte fand auf europäischem Boden statt, ein anderer, ebenfalls beträchtlicher Teil jedoch nicht, und dieser hat erst später Eingang in die europäische Kultur und Geschichte gefunden. Das Europäische an der Antike ist in großem Maße ein Rezeptionsphänomen. Herodot, Euklid, Kallimachos und Ptolemaios sind Quellen europäischer Kultur oder, bildlicher ausgedrückt, Wurzeln europäischer Kultur, sie sind aber nicht selbst europäisch. Gleichzeitig sind sie auch Quellen anderer Kulturen in anderen Regionen der Welt. Wenn wir so sprechen, dann nehmen wir die Geographie ernst und vermeiden europäische Arroganz. Die Chance, so zu sprechen, haben wir nur deshalb, weil die geographischen Auffassungen, wie eingangs geschildert, viel stabiler sind als die kulturellen.

Es gibt noch einen letzten, die Antike betreffenden Grund, warum der Jerusalem-Athen-Rom-Begriff Europas eine Zumutung ist: Auf dem Kontinent lebten nicht nur Römer und Griechen. Natürlich muss jede Geschichte Europas, auch jede Kulturgeschichte Europas, ihre Schwerpunkte setzen. Vor, während und nach den Griechen und Römern war der Kontinent von zahlreichen anderen Völkern besiedelt und kultiviert, die meist nur wenige Spuren in den späteren Kulturen hinterlassen haben, jedenfalls soweit wir erkennen können. Die keltische Kultur allerdings stellt ein historisches Schwergewicht dar. Bevor überhaupt das römische Imperium seinen Aufstieg begann, wurden große Teile Europas von keltischen Völkern beherrscht. Die Römer haben von den Kelten gelernt, unter anderem profitierten sie von keltischer Militärtechnik und Metallverarbeitung. Auch den Streitwagen, der von den Römern Quadriga genannt wurde und das klassizistische Brandenburger Tor in Berlin oder die *Ben-Hur*-Filme verschönert, haben die Römer bei den Kelten kennen- und fürchten gelernt, wie zuvor die Griechen bei den Persern. Der keltische Nachhall in der späteren europäischen Geschichte ist beträchtlich, man denke nur an keltische Kunst und Ornamentik, an König Artus, den Heiligen Gral, Tristan und Isolde, Merlin und Ossian. Es ist aus dieser Perspektive grob verzerrend, die europäische Kulturgeschichte mit Athen und Rom beginnen zu lassen.

Mittelalter: War Europa ein christliches Land?

> Es waren schöne, glänzende Zeiten, wo Europa ein christliches Land war, wo *Eine* Christenheit diesen menschlich gestalteten Weltteil bewohnte; *Ein* großes gemeinschaftliches Interesse verband die entlegensten Provinzen dieses weiten geistlichen Reichs.

So lauten die berühmten ersten Sätze der 1799 verfassten Europarede des deutschen Dichters Friedrich von Hardenberg, der unter dem Pseudonym Novalis publizierte. Novalis setzte der Mittelalterkritik der Aufklärer das Bild eines goldenen mittelalterlichen Zeitalters entgegen, dessen Einheit von Reformation und Aufklärung zerstört worden sei, und forderte ein Wiedererwachen Europas durch die friedensstiftende christliche Religion: »Die andern Weltteile warten auf Europas Versöhnung und Auferstehung, um sich anzuschließen und Mitbürger des Himmelreichs zu werden.«

Als Novalis in Jena im Freundeskreis seine Rede vortrug, arbeitete im Londoner Exil ein anderer einflussreicher Romantiker an einem ähnlichen, nur ungleich längeren Entwurf: François Chateaubriand publizierte 1802 sein *Génie du christianisme ou Beautés de la religion chrétienne* (*Der Geist des Christentums oder die Schönheiten der christlichen Religion*), eine schwärmerische Verklärung der christlichen Kultur des Mittelalters. Er vergleicht das Mittelalter mit seiner eigenen Zeit, in der das Christentum in Europa verfolgt werde. Der Kirche, den Orden, den Rittern, den Kardinälen, den Bischöfen und vor allem dem Papst verdanke Europa »seine Zivilisation, einige seiner besten Gesetze und fast alle Wissenschaften und Künste«. Damals war »das Zeitalter des zivilisierten Europa [*l'ère de l'Europe civilisée*], das aus den Ruinen Athens und Roms sich erhebend, sein Licht dem Zeitalter Alexanders des Großen entliehen hat«, um es auf das Zeitalter Ludwigs des Heiligen, des französischen Königs des 13. Jahrhunderts, scheinen zu lassen.

Novalis und Chateaubriand prägten gemeinsam mit anderen Romantikern einen neuen Europa-Begriff. Sie sahen im Christentum das einigende Band, das die verschiedenen Völker Europas und die antiken Traditionen in einer Kultur vereinte. Viele Details dessen, was Novalis und Chateaubriand über das Mittelalter geschrieben haben, sind historisch unhaltbar. Beispielsweise werden die Macht und der kulturstiftende Einfluss des Papstes stark überschätzt. Diese Details sind jedoch für die grundsätzliche Frage unerheblich, wie überzeugend, historisch wie geographisch, die Kerngedanken dieses Europa-Begriffs sind, der in vielen heutigen Debatten über die kulturelle Identität Europas eine wichtige Rolle spielt.

Der Kontinent Europa unterscheidet sich von Afrika und Asien tatsächlich dadurch, dass sich das Christentum hier weiter ausbreitete. Die Christianisierung erfolgte zwar in vielen Regionen zunächst nur oberflächlich, da sie auf Widerstand der Bevölkerung stieß und zahlreiche ältere religiöse Traditionen in der neuen Religion fortlebten. Doch waren immerhin bis zum Jahr 1000 die meisten europäischen Herrscher zum Christentum übergetreten, so Harald Blauzahn von Dänemark etwa 960 n. Chr. zum lateinischen und Vladimir von Kiew 988 n. Chr. zum oströmischen Christentum. In Island entschied im Jahr 1000 der Althing, eine Frühform des Parlaments, unter norwegischem Druck, das Christentum unter privater Beibehaltung der alten Gottheiten anzunehmen. Diese Regionen gehören auch nach mittelalterlichem Verständnis zum Kontinent Europa, so dass der christliche Europa-Begriff geographisch weniger bedenklich zu sein scheint als der griechisch-römische.

Doch der Eindruck des Unbedenklichen täuscht. Denn der Hügel Golgatha liegt nicht in Europa. Die christlichen Ideen der Feindesliebe oder der Gleichheit aller Menschen vor Gott sind nicht in Europa entstanden, sondern in Westasien. Auch das Christentum in Europa ist ein Rezeptionsphänomen. Aus diesem Grunde, so ist zu vermuten, formulierte Theodor Heuss seinen Satz so, dass gerade die Einheit von Golgatha, Akropolis und Kapitol das Europäische ausmache. Oder wie sich Papst Benedikt XVI. in jüngerer Zeit ausgedrückt hat: Die Begegnung von christlichem Glauben und griechischem philosophischem Fragen habe Europa geschaffen.

Auch diese Formulierung ist allerdings problematisch. Denn nach Benedikts Definition Europas wären zum Beispiel auch die orientalischen Christen Europäer, zu denen heute über 50 Millionen Menschen zählen: Kopten, christliche Äthiopier und Eritreer, Armenier, Nestorianer, Jacobiten, Melkiten und indische Thomas-Christen. Benedikt möchte aber offensichtlich nicht behaupten, dass diese Gruppen Europa geschaffen haben. Dabei war der Einfluss der griechischen Bildung und des griechischen Denkens auf die christlichen Gemeinden in Westasien und Nordafrika viel direkter und vor allem durchgängiger als im lateinischen Zentraleuropa. Unter Karl dem Großen musste ein umfangreiches Bildungsprogramm dafür sorgen, dass die antiken Fächer wieder unterrichtet wurden. Im christlichen Orient hingegen wurde ein spätantiker Bildungskanon in großer Kontinuität auf Griechisch, Syrisch und Arabisch vermittelt. Das orientalische Christentum könnte sich daher mit größerem Recht ›europäisch‹ nennen als das lateinische Christentum. Der romantische Europa-Begriff reklamiert also eine Begegnung von Traditionen für sich, die auch für Westasien und Nordafrika kennzeichnend ist.

Noch bedenklicher, in historischer wie geographischer Hinsicht, ist allerdings die Vorstellung von der Kultur des Kontinents selbst, die diesem Begriff zugrunde liegt: die Vorstellung, es handele sich um ein einziges christliches Land. Denn Europa war auch im Mittelalter viel mehr als nur christlich. Das ist nicht nur für die historische Forschung offensichtlich, sondern gehörte auch zum Selbstverständnis der lateinisch-christlichen Welt des Mittelalters. Als der Kleriker Adam von Bremen um 1070 seine lateinische *Geschichte der Hamburgischen Bischöfe* verfasst, spricht er mit Bewunderung von der heidnischen Stadt Jumne an der Mündung des Flusses Oder in die Ostsee. Etymologische Untersuchungen haben gezeigt, dass Adam mit dem skandinavischen Namen Jumne die in slawischen Sprachen damals wie heute Wolin genannte Stadt meinte, die vom 10. bis 12. Jahrhundert ein großes Handelszentrum der Slawen und Wikinger war. In späteren Quellen wird der Name auch zu Jómsborg, Jumneta und Vineta abgewandelt. Adam von Bremen preist ihren Reichtum, ihre Größe, ihre Gastfreundschaft, ihre guten Sitten, ihre vielen Völker.

> Sie ist tatsächlich die größte von allen Städten, die Europa einschließt [*maxima omnium quas Europa claudit civitatum*]. In ihr wohnen Slawen zusammen mit anderen Völkern, Griechen [Orthodoxen] und Barbaren [Heiden].

Nur sei sie leider noch »im Irrtum heidnischer Riten« verfangen, also den nordischen und slawischen Mythologien, wie wir sie aus der *Edda* und anderen Quellen rekonstruieren können.

Solche Zitate passen nicht zum romantischen Klischee-Bild vom ›christlichen Mittelalter‹. Es war vielen mittelalterlichen Autoren vollkommen bewusst, dass im Nordosten Europas heidnische Völker wohnten, im Südosten die orthodoxen Christen, auf der Iberischen Halbinsel Muslime und in vielen Gebieten Europas Juden – und nicht nur wohnten, sondern auch blühende kulturelle Zentren bildeten, wie Adam sie beschreibt.

Diese Vielfalt bleibt. Im ausgehenden Mittelalter, im 15. Jahrhundert, zur Zeit des schon erwähnten Humanistenpapstes Pius II., waren die Ostseegebiete zwar christianisiert, doch herrschten auf dem Balkan und in Griechenland die osmanischen Türken, in weiten Teilen Osteuropas die muslimischen Tataren (wie die Lateiner die Mongolen nannten) und im spanischen Granada die muslimische Dynastie der Nasriden. Selbst Pius II., der Europa zum christlichen Vaterland erklären wollte, musste diese Regionen zähneknirschend erwähnen.

An dieser Stelle könnte ein Verteidiger des ›christlichen Mittelalters‹ einwenden, dass diese nichtchristlichen Regionen marginal waren, also nicht zum Kern Europas gehörten: Sie liegen geographisch gesehen am Rande Europas und sind das Resultat von Eroberungen. Doch dieser Einwand kann nicht überzeugen:

Erstens sind alle Kulturen des Kontinents (vielleicht mit Ausnahme der Samen und Basken) durch Wanderungen und meist auch Eroberungen entstanden, in der sogenannten ›Völkerwanderungszeit‹, aber auch später, zum Beispiel im Zuge der deutschen Ostsiedlung und Christianisierung.

Zweitens, und das ist der entscheidende Punkt, ist ›marginal‹ eine Frage der Perspektive und der Kriterien. Wenn wir uns fragen, wo auf dem Kontinent die größten und blühendsten Städte des Mittelalters lagen, dann zerrinnt uns die Bezeichnung ›marginal‹ zwischen den Fingern. Die größten mittelalterlichen Metropolen Europas waren viele Jahrhunderte lang und mit großem Abstand die Städte Konstantinopel und Córdoba – bis zu ihrer Eroberung durch lateinische Christen in den Jahren 1204 und 1236. Die höchste Einwohnerzahl von Córdoba im Mittelalter wird auf 300 000 geschätzt; Konstantinopel könnte vielleicht sogar 500 000 erreicht haben. Im Vergleich dazu war Rom eine ländlich geprägte Kleinstadt mit etwa 30 000 Einwohnern, in denen das Vieh innerhalb der alten antiken Stadtmauern weidete. Und eine solche geringe Einwohnerzahl ist für viele lateinisch-christliche ›Großstädte‹ im Früh- und Hochmittelalter typisch. Erst im Spätmittelalter des 13. bis 15. Jahrhunderts erreichten wenige lateinisch-christliche Städte wie Paris, Mailand und Venedig eine vergleichsweise bescheidene Größe von über 100 000 Einwohnern, dicht gefolgt von muslimischen Städten wie Granada (in Spanien) und Edirne (in Thrakien, heute Türkei).

Konstantinopel und Córdoba waren Weltstädte ihrer Zeit. In Konstantinopel, dem Sitz des oströmischen (›byzantinischen‹) Kaisers, lebten neben griechischen Christen vor allem Juden, Armenier, Syrer und lateinische Christen, aber auch muslimische Araber, Perser und Türken; die kaiserliche Leibgarde bestand aus skandinavischen Warägern aus Kiew. Die Stadt war eine prosperierende Welthandelsmetropole und zugleich ein bedeutendes kulturelles Zentrum. Ihre besten Künstler und Handwerker in Architektur, Buch-, Ikonen- und Freskenmalerei, Mosaiken, Seidenstoffkunst und anderen Kunsthandwerken wurden in vielen anderen Gebieten Europas angeworben und nachgeahmt. Konstantinopel, das seit 1930 offiziell Istanbul heißt (nach dem volkstümlich-türkischen Namen, der sich von griechisch *eis tēn polin* ›in die Stadt‹ herleitet), liegt auf der europäischen Seite des Bosporus und dehnte sich erst in der Neuzeit auch auf die asiatische Seite aus. Seinem Selbstverständnis nach lag es immer in Europa. Kaiser Konstantinos VII. Porphyrogennetos schrieb im 10. Jahrhundert über Konstantinopel als Nachfolgerin der antiken Kaiserstadt Rom: »An die Spitze Europas [Ἀρχὴν οὖν τῆς Εὐρώπης] setze ich also die Kaiserin der Städte und der gesamten Welt, das neue Rom«. Konstantinopel ist hier der Standpunkt, von dem aus sich der Rest der Welt erschließt. Die Stadt ist Europas geographischer »Beginn« oder kulturelle »Spitze« und »Herrschaft« (das griechische *archē* hat alle drei Bedeutungen). Die lateinischen Christen werden dementsprechend in byzantinischen Quellen gelegentlich als »die Okzidentalen«, »die Westler« bezeichnet, zumeist aber schlicht als »die Barbaren«.

In der anderen Weltstadt, dem muslimisch regierten Córdoba in Spanien, lebten Muslime ganz unterschiedlicher ethnischer Herkunft neben Juden, Christen, subsaharischen Afrikanern und Sklaven, die meist aus Italien, Nordspanien oder Osteuropa stammten. Für viele gab es Aufstiegschancen in der Palastverwaltung. Die Multikulturalität Córdobas sollte man nicht verklären, ebenso wenig wie die Konstantinopels, denn in beiden Städten entwickelten sich soziale Spannungen. Doch die außerordentliche kulturelle Produktivität Córdobas in Literatur, Philosophie, Wissenschaften, Architektur und Kunsthandwerk steht außer Frage. Arabische Quellen berichten von 70 Bibliotheken und 27 öffentlichen Schulen. Es sind goldene Jahrhunderte für die muslimisch-arabische Kultur, aber auch für die christlich-mozarabische Liturgie und Buchmalerei, für die Bildung der Frauen und für die jüdischen Dichter und Wissenschaftler, die auf Arabisch und Hebräisch schrieben. Auch die Rabbiner widmeten sich nicht nur der *Tora*-Auslegung, sondern legten Wert auf ihre Bildung in den weltlichen Wissenschaften und der Philosophie der Griechen. Diese beiden einzigen Weltstädte des europäischen Mittelalters, Córdoba und Konstantinopel, gehören nicht an den Rand, sondern ins Zentrum der Geschichte Europas.

Um sich vom Klischeebild des ›christlichen Mittelalters‹ befreien zu können, lohnt sich ein Perspektivwechsel mithilfe der klassischen arabischen Geographie. Den Ausdruck ›Europa‹

verwendet die arabische Geographie nicht (von ganz wenigen Ausnahmen abgesehen), doch zeigen arabische Karten häufig ein Land, das durch die Straße von Gibraltar und eine Wasserverbindung vom Schwarzen Meer zum nördlichen (arktischen) Ozean wie eine große Insel von den anderen Ländern oder Landmassen abgetrennt ist. Der Bagdader Geograph Ibn Ḥauqal (10. Jh.) nennt dieses Gebiet, das dem Kontinent Europa entspricht, »das kleine Land« (الأرض الصغيرة), im Unterschied zur großen Landmasse im Osten und Süden.

Die arabischen Geographen wissen natürlich viel über Andalusien, doch war ihnen auch Ostrom (Byzanz) durch Berichte von Diplomaten, Händlern und Gefangenen gut bekannt. Besonders gut kennen sie das offene und zugängliche Osteuropa, und zwar aufgrund des Fernhandels, der sowohl in der Zeit von Kiew und Nowgorod als auch später unter den Mongolen blühte, und durch die muslimischen Gemeinden, die es im mittelalterlichen Osteuropa zum Beispiel in Ungarn gab. Das kalte Nordeuropa kannte man nur aus Berichten der Handelspartner. Die lateinisch-christlichen Westeuropäer schließlich wurden in arabischen Quellen meist »Franken« genannt und im Hinblick auf ihre Religion als »Melkiten« bezeichnet, also als Anhänger Konstantinopels, um sie von den orientalischen Christen zu unterscheiden. Aus Sicht der arabischen Gelehrten zählten viele Völker mit verschiedenen Regierungsformen zu den Franken.

Diese arabische Perspektive auf das mittelalterliche Europa ist deshalb lehrreich, weil sie trotz der geographischen Ungenauigkeiten viel realistischer als die Wunschvorstellung der Romantiker ist: Das mittelalterliche Europa bildete keine Einheit, und große kulturelle Zentren lagen außerhalb von Mittelwesteuropa.

Nun könnte ein hartnäckiger Diskussionspartner sagen: Gut, dann beschränke ich das Mittelalter eben auf das lateinisch-christliche Westeuropa und bezeichne nur diesen Raum als Europa: das Europa der Ritter, Kleriker, Burgen, Kathedralen, Universitäten und des höfischen Romans.

Es ist vollkommen verständlich, dass man für diese Kultur voller Begeisterung und Bewunderung sein kann. Doch ein solcher Begriff von Europa steht nicht nur mit dem mittelalterlichen Selbstverständnis und der Geographie in Konflikt. Dieses Bild von Europa in Reinform ist vor allem ein unhistorischer Purismus, eine Fiktion. Denn Baustile, künstlerische Praktiken, literarische Motive und wissenschaftliche Theorien sind gewandert, wurden ausgetauscht und vermischten sich miteinander. Es gab keine lateinischen Universitäten ohne die arabischen Wissenschaften; keine Novellen Boccaccios ohne die Wanderung indischer, jüdischer und arabischer Erzählmotive; kein römisches Christentum ohne den Rivalen Konstantinopel; keinen höfischen Roman ohne die vorchristlichen Kelten und Germanen; keinen venezianischen Fernhandels-Reichtum und keinen Marco Polo ohne die *pax mongolica* in Osteuropa, die Friedenszeit unter den muslimischen Mongolen des 13. bis 15. Jahrhunderts, die auf ihre blutigen Kriegszüge gefolgt war.

Auch ethnisch und religiös war der Raum des lateinischen Christentums keineswegs homogen. Ungarn beispielsweise war vom 11. bis 13. Jahrhundert das lateinisch-christliche Land mit der größten ethnischen und religiösen Vielfalt. Hier lebten große jüdische Gemeinden, heidnische Kumanen und Petschenegen, Muslime (»Böszörmények«, also Choresmier, genannt) und viele Immigranten aus anderen lateinisch- oder griechisch-christlichen Ländern. Die Muslime und heidnischen Kumanen waren als Bogenschützen sehr geschätzt und haben mehrere erfolgreiche Schlachten für den christlichen ungarischen König geschlagen.

Eine solche ethnische und religiöse Diversität im ›christlichen Mittelalter‹ mag überraschen. Sie wird durch die christliche Verklärung des Mittelalters verdeckt, die uns sogar das jüdische Leben im Mittelalter nicht angemessen erkennen lässt. Vielen Menschen ist zwar bewusst, dass das Judentum die europäische Geschichte auch im lateinisch-christlichen Raum mitgeprägt hat. Doch von den Verteidigern des Jerusalem-Athen-Rom-Begriffs wird diese Prägung gern mit dem Ausdruck »jüdisch-christliche Tradition« beschrieben. Der Ausdruck »jüdisch-christlich« ist jedoch ungeeignet zur Beschreibung der Identität Europas, denn er wird meistens so verstanden, dass das Jüdische zum Christlichen dazugehöre: Das hebräische Alte Testament ist Teil der christlichen Bibel; Jesus, Petrus und Paulus waren Juden. Auf diese Weise verschleiert der Ausdruck »jüdisch-christlich« aber gerade den genuin jüdischen Anteil an europäischer Kultur, auch im Mittelalter. Wer von den Wortführern »unserer jüdisch-christlichen Tradition« kennt schon die Naturwissenschaft und Philosophie des Levi ben Gershon, auch Gersonides genannt (gest. 1344), aus Südfrankreich? Die berühmte *Talmud*-Auslegung des Raschi (Rabbi Schlomo ben Jizchak), der im 11. Jahrhundert in Troyes lebte? Die Geschichte der Synagogenarchitektur oder die prächtige jüdische Buchmalerei? Das Mittelalter war eben auch jüdisch, nicht »jüdisch-christlich«.

Europa im Mittelalter war also kein »christliches Land«, wie Novalis und Chateaubriand es sich erträumten. Selbst der Teil Europas, in dem das lateinische Christentum die dominante Religion ausmachte, war ethnisch und religiös gesehen alles andere als einheitlich. Die Berufung auf ein lateinisch-christliches Westeuropa oder auf ein »christliches Abendland«, wie es im Deutschen gern heißt, ist also doppelt problematisch: Es beruht zum einen auf unhistorischem Wunschdenken und grenzt zum anderen weite Teile Europas aus. Wie der Aufklärungsbegriff von Europa hat auch dieser Begriff die Tendenz, christliche Mittelwesteuropäer zu den eigentlichen Trägern europäischer Kultur zu erklären.

Die Berufung auf christliche Traditionen hat in diesem Essay noch nicht dieselbe dreistufige Analyse erfahren wie zuvor die Berufungen auf die Aufklärung und die Antike. Das ist in dieser Ausführlichkeit auch nicht mehr nötig, denn inzwischen ist deutlich geworden, dass sich allgemeine Formulierungen wie »... ist eine spezifisch christliche Idee« oder »nur im Christentum hat sich die Idee ... entwickelt« bei genauem Hinsehen fast immer als historisch unhaltbar erweisen. Es bedarf keiner göttlichen Erleuchtung, um die Vorstellung entwickeln zu können, dass es eine Tugend ist, seinen Nächsten zu lieben wie sich selbst, wie es schon in der hebräischen *Tora* heißt (Lev 19,18), oder dass alle Menschen gleich sind, wenn man sie mit Göttern und Tieren vergleicht.

Die christlichen Begriffe sind Teil der weltweiten Geschichte des Nachdenkens über Altruismus und Gleichheit. Wie lässt sich Altruismus begründen, also uneigennütziges Handeln, das einem anderen Menschen, im Extremfall sogar einem Feind, um seiner selbst willen Gutes tut? Aufrufe zur Überwindung von Vergeltungsdenken gab es vor dem Christentum in chinesischen, babylonischen, ägyptischen und jüdischen Texten. Jesus Christus nun fordert auf beeindruckende Weise in der Bergpredigt dazu auf, die eigenen Feinde zu lieben (Mt 5,44). Warum sollte ich das tun?

Eine solche Liebe könnte erstens in meinem eigenen Interesse sein.

Oder sie könnte zweitens moralisch von der Vernunft gefordert werden, wenn sie vom eigenen Standpunkt abstrahiert.

Oder sie könnte drittens in der Natur des Menschen und seinen Solidaritäts- und Mitleidsgefühlen angelegt sein.

In der Bergpredigt des Matthäusevangeliums scheint keine dieser drei Altruismus-Begründungen gemeint zu sein: weder

Eigeninteresse noch Vernunftmotivation noch Solidaritätsgefühle. Denn Jesus Christus gibt als Begründung nur an, dass man Gott nachahmen soll, der in seiner Vollkommenheit alle Menschen, böse wie gute, gleich behandelt. In einer anderen Fassung der Bergpredigt, nämlich der des Lukasevangeliums, wird die Feindesliebe hingegen durch die Vernunft motiviert. Hier mündet der Aufruf zur Feindesliebe in die Goldene Regel: »Und wie ihr wollt, dass euch die Leute tun sollen, so tut ihnen auch!« (Lk 6,31.) Man soll also in der vernünftigen Hoffnung auf Gegenseitigkeit handeln, die auch dann Maßstab des Handelns ist, wenn der Feind nicht so handelt wie man selbst.

Die Begründungen der Feindesliebe bei Matthäus und Lukas haben unterschiedliche textliche und soziale Hintergründe, wie die neutestamentliche Forschung gezeigt hat. Die Gegenseitigkeitsmotivation bei Lukas steht im Kontext griechischer Vorstellungen von gegenseitiger Gerechtigkeit. Die Nachahmungsmotivation bei Matthäus hingegen überträgt ein altorientalisches und griechisches Königsideal auf alle Menschen: Der einfache Mensch, der den Feind liebt, sei innerlich genauso souverän wie der König, der in seiner Macht mit seinen Feinden nachsichtig ist. Anders als bei Lukas ist der Kontext hier nicht privat, sondern politisch. Jesus Christus spricht explizit von »Verfolgern« und ruft zum Gewaltverzicht auch gegenüber Verfolgern auf.

Im Neuen Testament finden sich also nicht nur einer, sondern mindestens zwei Begriffe von Feindesliebe: bei Lukas ein rational begründbares Konzept, das auf Gegenseitigkeit im Umgang mit privaten Gegnern hofft, und bei Matthäus ein radikaleres, schwer begründbares, politisches Konzept, das feindlicher Gewalt mit Gewaltlosigkeit und Liebe begegnet. Dieses zweite Konzept verfügt über eine ähnliche politische Strahlkraft wie die Feindesliebe bei Mahatma Gandhi (1869–1948), der vom Hinduismus ausgehend Feindesliebe und gewaltlosen Widerstand als ein aktives Mittel zur Überwindung von feindlicher Gewalt in der Welt forderte. Auch hier zeigt sich: ›Feindesliebe‹ ist ein komplexer Begriff und funktioniert nicht als Schlagwort, jedenfalls nicht zur Charakterisierung christlicher oder europäischer Kultur.

Ähnliches gilt für die christliche Idee der Gleichheit aller Menschen vor Gott, die sich aus der Gottebenbildlichkeit aller Menschen im hebräischen Buch Genesis herleitet (Gen 1,26 f.). Vergleichbare Vorstellungen finden sich auch in anderen Kulturen, wie etwa in einem Spruch des Propheten Muhammad. Was ist das Besondere an der christlichen Idee? Es ist offensichtlich, dass sich Menschen stark unterscheiden: Sie sind nicht gleich und schon gar nicht identisch. Soll Gleichheit eine fundamentale Ähnlichkeit bedeuten? Oder ist Gleichheit etwas Anzustrebendes, ein Ziel in dem Sinne, dass Gleichheit der Rechte oder Gleichheit der Möglichkeiten das Ziel unseres Handelns sein sollte? Im Buddhismus findet sich das Ideal eines Geisteszustandes, in dem das Individuum alle Menschen gleichbehandelt und auch sich selbst keinen Vorzug gibt. Ein ähnliches Ideal begegnet auch in Gandhis Interpretation des Hinduismus. Im Unterschied zu diesen Vorstellungen ist die christliche Gottebenbildlichkeit kein anzustrebendes Ideal, sondern die These einer fundamentalen Ähnlichkeit: Die Menschen sind aufgrund ihrer Herkunft gleich, aufgrund der Tatsache, dass sie nach demselben Vorbild geschaffen wurden.

Manchmal wird behauptet, diese christliche Vorstellung sei in säkularisierter Form die Quelle für das »All men are created equal« der amerikanischen und die »égalité« der französischen Revolutionäre der Aufklärungszeit. Das überschätzt jedoch den Einfluss, den die Idee der Gottebenbildlichkeit ausübte. Die Denker der Aufklärung setzten mit der Überlegung an, dass alle Menschen im vorstaatlichen Naturzustand auf eine bestimmte Weise gleich sind, beispielsweise im – gar nicht gottähnlichen – Vermögen, anderen zu schaden (Hobbes), oder in der Fähigkeit, mittels der Vernunft über sich selbst zu bestimmen und frei von Zwang zu sein (Locke). Die revolutionären Verfassungen wurden aber nicht nur von christlichen und aufklärerischen Vorstellungen, sondern auch von heidnisch-antiken, insbesondere stoischen Traditionen beeinflusst. Schon die ersten antiken Stoiker um 300 v. Chr. entwickelten die Idealvorstellung einer kosmopolitischen Welt, in der alle Menschen weise und gleich sind. In der späteren stoischen Schule, vor allem bei Cicero (*De legibus* 1.22–23) und Seneca, wird nicht mehr von einem Ideal, sondern davon gesprochen, dass alle Menschen, gleichgültig, ob unwissend oder weise, im Unterschied zu den Tieren von Natur aus mit Vernunft ausgestattet sind. Durch diese Naturanlage der Vernunft bilden alle Menschen eine Gemeinschaft. Die gesamte Welt sei daher ein einziger Staat. Im römischen Recht nun wurden diese stoischen Gleichheitsvorstellungen auf die kurze Formel gebracht, dass alle Menschen dem natürlichen Recht nach gleich seien – eine Formulierung, die zum Vorbild für die neuzeitlichen Verfassungen wurde.

Wie der Blick auf Buddhismus, Hinduismus, Aufklärung und Stoiker zeigt, finden sich innerhalb und außerhalb Europas einflussreiche und bedenkenswerte Alternativen zu den christlichen Gleichheitskonzepten. Wenn wir heutzutage überlegen, welche Gleichheitsvorstellungen für unser Zusammenleben sinnvoll sind, sollten wir prüfen: Bevorzugen wir die christliche Vorstellung eines Schöpfers oder die stoische Betonung der Naturanlage der Vernunft oder Hobbes' These, dass alle Menschen von Natur aus mit todbringender Aggressivität begabt sind? Wie muss ein Gleichheitsbegriff beschaffen sein, der andere Lebewesen, insbesondere die Tiere, mit einschließt und dazu beitragen könnte, die Grausamkeit industrieller Massentierhaltung zu verhindern? Die Ausgrenzung von Tieren scheint ein besonderer Nachteil traditioneller Gleichheitskonzepte zu sein.

Will man die Besonderheit christlicher Ideen verstehen, bedarf es solcher Vergleiche und Überlegungen und eines Mindestmaßes an Komplexität. Wenn wir nur schlagwortartig behaupten, es sei typisch christlich und typisch europäisch, sich für Gleichheit und Feindesliebe einzusetzen, geben wir uns einem romantisierenden Ideal hin, das die Existenz ähnlicher und vielleicht überzeugenderer Vorstellungen in anderen kulturellen Kontexten übersieht.

Die Gefahren des romantischen Begriffs von Europa

Die Rede von den drei Hügeln Golgatha, Akropolis und Kapitol, von den griechisch-römischen und jüdisch-christlichen Traditionen Europas, verdankt sich einem Tunnelblick in die Vergangenheit. Sie beruht auf romantischer Verklärung, steht in Konflikt mit Geographie und Geschichte, ist anmaßend gegenüber den Nachbarkontinenten und grenzt große Bereiche europäischer Kultur aus. Was für eine Armut im Vergleich mit dem Reichtum der Vergangenheit!

Ausgrenzung erfahren nicht nur die erwähnten Kelten, Wikinger, Slawen, Byzantiner, Juden, Muslime, Tataren und die vielen anderen unerwähnten Träger europäischer Kultur im Mittelalter. Die vielleicht haarsträubendste Nichterwähnung betrifft die europäische Neuzeit. Wenn man schon den Versuch unternimmt, die Fundamente europäischer Kultur auf wenige Hügel zu reduzieren, müsste unbedingt ein vierter Hügel genannt werden: der Trümmerhaufen der Bastille von 1789. Und ein offener Begriff Europas könnte noch viele weitere Hügel aufzählen: die Erhebung von Stonehenge, die Hügel der

Mezquita in Córdoba und der Hagia Sophia in Konstantinopel oder auch die Hügel der im Pariser *Café de Flore* aufgetürmten Croissants, neben denen Simone de Beauvoir in den 1940er Jahren *Le Deuxième Sexe* (*Das andere Geschlecht*) schrieb.

Man mag einwenden, dass die Auslassung der Neuzeit im romantischen Begriff Europas nur eine Frage der Perspektive sei. Hier werde eben nur auf die älteren Traditionen Europas geblickt. Religionskritik, Aufklärung, Frauenbewegung gehörten natürlich auch dazu.

Doch am Beispiel der Positionen Papst Benedikts XVI. lässt sich erkennen, was die Auslassung der Neuzeit bedeuten kann. In seiner 2006 in Regensburg gehaltenen Rede formuliert Benedikt seinen Europagedanken folgendermaßen:

> Diese Begegnung [*also: die Begegnung von biblischem Glauben und griechischem philosophischem Fragen*], zu der dann noch das Erbe Roms hinzutritt, hat Europa geschaffen und bleibt die Grundlage dessen, was man mit Recht Europa nennen kann.

Benedikt entwickelt hier offensichtlich eine Version des Jerusalem-Athen-Rom-Begriffs Europas. In der Aufregung über die Redepassagen zum Islam ist untergegangen, welche Feindbilder die Rede im zweiten Teil aufbaut. Benedikt spricht von »Wellen des Enthellenisierungsprogramms«, also der gezielten Auflösung der christlich-griechischen Synthese, die Europa ausmache, und nennt explizit drei Protagonisten dieses Programms: die protestantischen Reformatoren im 16. Jahrhundert, Immanuel Kant im 18. Jahrhundert und Adolf von Harnack, den 1930 gestorbenen protestantischen Kirchenhistoriker. Europa werde also gefährdet durch Reformation, Aufklärung und historisch-kritische Bibelwissenschaft. Benedikt ergänzt sofort, dass er nicht hinter die Aufklärung zurückgehen, sondern den Vernunftbegriff in Richtung einer Synthese mit dem Glauben ausweiten möchte. Doch ist schwer zu verstehen, worin sich diese neue Synthese von der romantischen Synthese des christlich-griechischen Mittelalters unterscheiden soll. Hier ist offenbar ein katholischer Traum vom vorreformatorischen Europa am Werk. Auf jeden Fall sehen wir: Der Jerusalem-Athen-Rom-Begriff mit seiner Reduzierung auf drei Leitorte ist durchaus nicht unschuldig. Er kann explizit die Ablehnung der Neuzeit bedeuten. Der Europa-Begriff muss dringend entromantisiert werden.

Komplexität und Kritik

Manche Leserin und mancher Leser mögen sich wundern, warum dieser Essay nicht stärker auf die Schattenseiten europäischer Kultur eingeht und insbesondere das Leid thematisiert, das Menschen einander im Namen europäischer Ideen zugefügt haben. Anstatt die christlichen Begriffe von Feindesliebe und Gleichheit zu diskutieren, wäre es nicht sinnvoller, auf die Kreuzzüge, den Sklavenhandel oder die Gräueltaten christlicher Kolonialisatoren einzugehen? Anstatt über antike Demokratie zu sprechen, wäre es nicht angebrachter, die griechische und römische Sklavenarbeit und die Verfolgung von Juden und Christen zu thematisieren? Oder die blutige Terrorherrschaft der französischen Revolutionäre der Jahre 1793 und 1794 im Namen von Gerechtigkeit, Tugend und Demokratie?

Ein solcher Weg ist sinnvoll und sogar unbedingt notwendig, um aus der Vergangenheit lernen zu können. Wir müssen wissen, wie sich Ideen in der Praxis bewährt haben, und wir müssen ihre Vor- und Nachteile auch anhand historischer Erfahrungen überprüfen. Doch der Hinweis auf Gräueltaten im Namen einer Idee kann nur eine indirekte Kritik an dieser Idee liefern, denn die Idee selbst (also ihre Konsistenz, ihre argumentative Stützung, ihre Implikationen, ihre Alternativen) wird auf diese Weise nicht thematisiert.

Außerdem muss man sich vor falschen Rückschlüssen hüten. Menschen mögen behaupten, dass sie im Namen einer Idee handeln, doch sie können sich irren, sie können sich selbst und ihre Motivation missverstehen oder bewusst falsch darstellen. Es führen viele und keineswegs immer gerade Wege von einer Idee zur Ausübung von Grausamkeit. Die These des Religionswissenschaftlers Jan Assmann, dass Gewalt im Namen der Religion im Wesentlichen eine Erfindung des Monotheismus, also von Judentum, Christentum und Islam, sei, hat viel Widerspruch erfahren, und zu Recht. Auch im Namen des Hinduismus und des Buddhismus wurde in erschreckendem Ausmaß gemordet und Gewalt gerechtfertigt, trotz ihres Polytheismus und der hohen Ideale der Gewaltlosigkeit, die diese beiden Religionen eigentlich auszeichnet.

Ähnlich problematisch ist die verwandte These, dass das europäische Morden in den letzten beiden Jahrhunderten im Namen der Demokratie, des Nationalismus, Rassismus, Faschismus oder Kommunismus eine Form säkularisierter religiöser Gewalt sei. Grausamkeit von Gruppen gegenüber anderen Gruppen hat komplexere Ursachen. Sie hat zwar häufig mit einer extremen Vereinnahmung des ›Wahren‹ gegenüber dem ›Falschen‹ zu tun, also mit säkularer oder religiöser Ideologie, doch auch mit dem Kampf um Ressourcen und Macht, mit Bereicherung, mit der Dynamik von Gruppen und anderen politischen, sozialen, ökonomischen und psychischen Faktoren.

Dieser Essay über Europa geht daher einen anderen Weg. Er wählt den direkten Zugriff auf die Ideen, als befänden wir uns in der idealen Situation, aus den Ideen und Traditionen der Vergangenheit für die Gestaltung der Zukunft das Beste frei auswählen zu können, als könnten wir uns die Rosinen aus der geistigen Geschichte Europas herauspicken. Dafür lohnt es sich, die aufklärerischen und romantischen Europa-Begriffe, die besonders populär sind, ernst zu nehmen. Denn es ist unwahrscheinlich, dass sich so viele und kluge Menschen über diese Traditionen Gedanken gemacht haben, ohne dass sich an ihnen etwas Bedenkenswertes finden lassen sollte. Daher ist es sinnvoll, diese Europa-Begriffe erst stark zu machen, um dann zu analysieren, was an ihnen problematisch sein könnte.

Wie wir gesehen haben, ist an diesen Europa-Begriffen vieles problematisch. Vieles ist nicht typisch europäisch, weder historisch noch geographisch. Europäisch wird es erst bei hinreichender historischer Konkretheit und geographischer Genauigkeit. Europa wird dadurch vielgestaltiger und vielleicht ein bisschen fremder, weil uns die historische Konkretheit nicht vertraut ist und uns die Vor- und Nachteile von Ideen unmittelbar vor Augen geführt werden. Das macht uns kritischer. Doch führt die Entkolonialisierung und die Entromantisierung, obwohl wir uns von so vielen liebgewordenen Klischees verabschieden müssen, nicht dazu, dass die Ideen, um die es geht, an Attraktivität verlieren. Gleichgültig ob typisch europäisch oder nicht: Kennzeichen wissenschaftlicher Rationalität, die Idee einer menschengemachten Verfassung, die Begründung von Demokratie, Theorien über Gleichheit oder Altruismus, um nur einige Beispiele zu nennen, bleiben großartige, herausfordernde Themen. Und Antike, Mittelalter und Aufklärungszeit bleiben großartige Gesprächspartner über diese Themen, auch neben ihren globalen Alternativen.

Was aber ist noch ›typisch europäisch‹, wenn wir uns von kolonialen und romantischen Klischees verabschieden?

3 Was ist typisch europäisch?

Stellen Sie sich vor, ich bitte Sie, in etwa 30 Stichworten ein Panorama europäischer Kultur zu entwerfen, und Sie antworten mir:

> Michelangelo, Mona Lisa, Rembrandt, Gotik, Klassizismus, Louvre, Rathaus, Reitermonumente, Homer, Dante, Shakespeare, Goethe, Tolstoi, Beethoven, Verdi, Chanson, Rom, Wittenberg, Genf, Moskau als das dritte Rom, Istanbul, Universität, Kaffeehaus, Pizza, Magna Carta, Toleranz, Anne Frank, Marie Curie, Simone de Beauvoir.

Ich würde Ihnen antworten, dass mich Ihre Antwort beeindruckt. Ihre Liste ist nicht nur sehr sympathisch, gebildet und klangvoll, sie verzichtet auch auf die Vereinnahmung der Antike (mit Ausnahme von Homer und Rom) und bemüht sich, inklusiv und fortschrittlich zu sein. Die Liste berücksichtigt Frauen, Istanbul, Moskau und einen Russen. Trotzdem würde ich Sie, möglichst höflich, auf eine Eigentümlichkeit hinweisen: Abgesehen von diesen Ausreißern besteht die Liste ausschließlich aus mittelwesteuropäischen Personen, Städten, Dingen und Stilrichtungen. Ihre Antwort habe ich mir nicht ausgedacht. Die genannten Stichworte sind den Kapitelüberschriften eines dreibändigen (und im Übrigen lesenswerten) Werkes mit dem Titel *Europäische Erinnerungsorte* entnommen, das 2012 erschienen ist.

Wie kann man es anders machen?

Schauen wir uns drei bekannte Essays über europäische Kultur der letzten Jahrzehnte an: von Milan Kundera, Rémi Brague und George Steiner. Der tschechische Schriftsteller Milan Kundera (*1929) veröffentlichte 1983 im Pariser Exil, ein Jahr vor seinem Welterfolg *Die unerträgliche Leichtigkeit des Seins*, einen einflussreichen Essay mit dem Titel *Un occident kidnappé ou la tragédie de l'Europe centrale* (*Ein entführter Westen oder die Tragödie Zentraleuropas*). Kundera beklagt mit beeindruckender Verve die »Entführung« der Tschechoslowakei, Polens und Ungarns aus der westlichen Kultur durch das sowjetische Russland. Das geographische Europa sei immer in zwei kulturelle Hälften geteilt gewesen, eine römisch-katholische und eine byzantinisch-orthodoxe Hälfte. »Nach 1945 verschob sich die Grenze zwischen diesen beiden Teilen Europas um einige hundert Kilometer nach Westen«, und Zentraleuropa befand sich plötzlich im Osten. Die Kultur Zentraleuropas, zu der Kundera auch das habsburgische Österreich vor 1918 rechnet, sei durch ein Maximum an Vielfalt auf kleinstem Raum und durch starken jüdischen Einfluss gekennzeichnet gewesen. Sie basiere auf dem neuzeitlich-westlichen Begriff eines schöpferischen Individuums, das denkt und zweifelt (so Kundera in Anspielung auf René Descartes). Das genaue Gegenteil dieser Kultur sei das »uniforme, uniformisierende, zentralisierende« Russland, sein Totalitarismus und seine politische Unterdrückung der Kultur. Russland »erscheint eben nicht nur als eine europäische Macht unter anderen, sondern als eine ganz besondere, eine andere Zivilisation«. Durch das sowjetrussische Kidnapping habe Europa seinen kulturellen Mittelpunkt in Zentraleuropa verloren.

Diese überaus starken Thesen sind nur vor dem Hintergrund der sowjetischen Unterdrückung der kulturellen Opposition in Zentraleuropa zur Zeit des Eisernen Vorhangs verständlich. Gleichzeitig steht Kundera in der Tradition des aufklärerischen Europa-Begriffs, dessen Rhetorik der Ausgrenzung auch im späten 20. Jahrhundert noch an die Stereotype der westeuropäischen Aufklärer des 18. Jahrhunderts erinnert. Russland und überhaupt das gesamte orthodoxe Osteuropa gehören für Kundera zu einer anderen, fremden Zivilisation, nicht zum kulturellen Europa, und zwar aufgrund einer Kultur des Totalitarismus – im 18. Jahrhundert hätte man von »Despotismus« gesprochen.

Kundera hat zu Recht viel Widerspruch und Kritik dafür erfahren, dass er Russland und Osteuropa aus der europäischen Zivilisation ausschloss. Nur wenn der deutsche, italienische und spanische Faschismus vollkommen ausgeblendet werden, kann man behaupten, dass der Totalitarismus ein spezifisch russisches und antieuropäisches Übel sei. Und die von Kundera so beschworene Kultur »als Ausdruck dieses einzigartigen und unnachahmlichen Ich«, ob nun widerständig, angepasst oder zwischen beidem schwankend, spielte auch im sowjetischen Russland eine herausragende Rolle, vor allem in Literatur und Musik.

Nicht lernen lässt sich von Kundera, wie sich Europa als geistiger Begriff bestimmen lässt, denn der Inhalt des Begriffs wird vorausgesetzt: aufgeklärt, schöpferisch, individuell, vielgestaltig, in den römisch-katholischen Grenzen (von Nordeuropa ist nicht die Rede). Man kann jedoch lernen, dass das Nachdenken über Europa und seine Kultur von umgedrehten Perspektiven profitiert. Denn Kundera behauptet nicht nur, dass Zentraleuropa zu diesem geistigen Europa dazugehört, vielmehr ist Zentraleuropa in Kunderas Perspektive das *grand foyer* europäischer Kultur, sein repräsentativer Mittelpunkt – und nicht Westeuropa. Mit eindrucksvollen Worten schildert er die kulturelle Produktivität der Tschechoslowakei, Polens, Ungarns und des alten Österreich, insbesondere ihrer jüdischen Bevölkerung (der er nicht angehört, die er aber bewundert). Von diesem Standpunkt aus erschließt sich für Kundera das, was Europa ausmacht.

Rémi Bragues (*1947) Perspektive ist im Vergleich deutlich konventioneller. Er will in seinem 1992 veröffentlichten Buch *Europe, la voie romaine* (*Europa, der römische Weg*) zeigen, dass Europa im geistigen Kern wesentlich römisch, oder genauer lateinisch sei. »Römisch« nämlich nannten sich auch Byzanz, Moskau und der osmanische Sultan. »Die Latinität jedoch beanspruchte außer Europa niemand anders«. Diese Latinität zeichne sich durch »Zweitrangigkeit« (»secondarité«) aus. Denn die Römer hätten, »verglichen mit den beiden schöpferischen Völkern, den Griechen und den Hebräern, nichts Neues hervorgebracht«, seien allerdings Meister der Vermittlung und Aneignung.

Warum ist, nach Brague, der innerste Kern Europas römisch und lateinisch? Weil sich dieser Kern durch den spezifisch römisch-lateinischen Zugang zu seinen jüdischen und griechischen Quellen von allen anderen Welten auf dem Kontinent abgrenzen lasse. Vor allem die katholische Kirche verdiene die Bezeichnung »römisch« und damit »europäisch«. Sie unterscheide sich in ihrem Römischsein »nicht nur vom Islam und nicht nur von Byzanz, sondern auch von der reformierten Welt«. Daher bilde räumlich gesehen das römisch-katholische Europa das Kerneuropa; die anderen Länder verfügten nur über eine »abgestufte Zugehörigkeit« (»une appartenance graduée«). Um es weniger vornehm als Brague auszudrücken: Sie sind zweitklassige Europäer.

Brague erklärt hier seine eigene katholische und romanischsprachige Heimat zum geistigen Kern Europas. Warum sollte nur er das tun dürfen? Drehen wir die Formulierungen einmal um und lassen wir einen Oströmer (einen »Byzantiner«) sprechen: Europa ist aus oströmischer Perspektive, anders als bei Brague, wesentlich ›konstantinopolisch‹ oder genauer ›griechisch‹, denn erstens hat das Griechische außer Europa niemand anders beansprucht; zweitens hat Europa einen spezifisch griechischen Zugang zu seinen Quellen, und drittens verdient vor allem die griechisch-orthodoxe Kirche die Bezeichnung ›konstantinopolisch‹. Auf diese Weise unterscheidet sich das Kerneuropa von der katholischen, muslimischen und protestantischen Welt.

Oder lassen wir einen nordeuropäischen Lutheraner sprechen: Europa ist wesentlich ›wittenbergisch‹ oder genauer ›germanisch‹, denn es hat einen wesentlich germanischen Zugang zu seinen Quellen … Und vor allem die lutherische Kirche verdient die Bezeichnung ›wittenbergisch‹. Aus diesem Grund unterscheidet sich das Kerneuropa von der katholischen, muslimischen und orthodoxen Welt.

Mit dieser Art von Argumentation lässt sich jede Gruppe von Menschen als kulturell fremd definieren und ausgrenzen. Brague verteidigt sein Ausgrenzungseuropa damit, dass er aufgrund seiner eigenen Herkunft und Ausbildung gezögert habe, sich über die orthodoxe und die protestantische Welt (und die neuzeitlich-agnostische, möchte man hinzufügen) auszulassen. Doch dann wäre es vielleicht sinnvoller gewesen, über den Vatikan zu schreiben anstatt über Europa. Ohne einen Wechsel der eigenen Perspektive ist europäische Kultur kaum zu verstehen.

George Steiners (1929–2020) Europarede *The Idea of Europe* von 2004 definiert die europäische Idee anhand von fünf Parametern, die er auch »Axiome« nennt: erstens das Kaffeehaus (»Solange es Kaffeehäuser gibt, so lange hat die europäische Idee einen Inhalt«), zweitens der Horizont der Fußgänger, Pilger, Wanderer und die so erschlossene Landschaft, drittens die Benennung von Straßen und Plätzen nach Staatsmännern, Militärführern, Künstlern und Wissenschaftlern der Vergangenheit, viertens die doppelte Abstammung von Jerusalem (Glauben) und Athen (Vernunft) und schließlich fünftens das tragische Bewusstsein für das nahe Ende, für Vergänglichkeit und Katastrophe. Die Zukunft Europas sieht Steiner in der Idee der Vernunft und dem griechischen Geist der Philosophie, in einem postchristlichen Europa der Toleranz, in der Muße, dem Individualismus und in der von Trotzki übernommenen träumerischen Bildungshoffnung, dass auch »der Durchschnittsbürger« einst auf den Pfaden von Aristoteles und Goethe wandeln wird.

Steiners Essay über Europa hat gegenüber Kunderas und Bragues Texten zwei große Vorzüge: Er nimmt den gesamten Kontinent in den Blick und bestimmt das typisch Europäische durch Vergleich mit den Kulturen anderer Kontinente. Die amerikanische Bar habe, argumentiert Steiner, eine völlig andere Atmosphäre als ein europäisches Café; in den Weiten Amerikas, Afrikas oder Australiens laufe man nicht zu Fuß von einem Dorf zum nächsten; in den USA hießen die Straßen nicht nach Künstlern, sondern »Pine«, »Oak« oder »Sunset«; zur Musik wie der Wiener Klassik finde sich nichts Vergleichbares außerhalb Europas; nur wenige außereuropäische Länder wie Indien oder »für kurze Zeit« der Islam hätten zur Geschichte der Mathematik etwas beigetragen; auch die Metaphysik und das tragische Bewusstsein für das Ende seien einzigartig europäisch. Es sind genau diese Vergleiche, die Steiners Idee von Europa mit Begründungen versehen.

Doch können sie auch überzeugen? Das »Europa der Cafés« ist das einprägsamste Bild in Steiners Essay. Es hat seinen Weg sogar in die Reden des französischen Staatspräsidenten Emmanuel Macron gefunden. Das ist sehr seltsam, denn gerade das Kaffeehaus ist eine durch und durch orientalische Erfindung, ein Import aus Westasien. Und zwar nicht nur als Haus des Kaffeeausschanks, sondern als Ort des Diskutierens, Träumens, Arbeitens, Schachspielens und Zeitvertreibens – genauso wie ihn Steiner beschreibt. Ca. 1640 öffnete das erste zentraleuropäische Kaffeehaus in Venedig. Schon vorher gab es allerdings Kaffeehäuser in Mekka um 1500, dann in Kairo, Damaskus, ab etwa 1555 in Istanbul und damit erstmals in Europa, ab etwa 1600 in Qazwin und Isfahan in Iran. Die »Kultur des Cafés« ist noch heute eine derjenigen Institutionen, die europäische, nordafrikanische und westasiatische Länder kulturell miteinander verbindet.

Der originellste unter Steiners Parametern für das typisch Europäische ist der Horizont des Fußgängers, den ein Europäer aus der dichtbesiedelten Mitte Europas eher gewinnen könne als ein Nordamerikaner oder Australier. Doch die weiten skandinavischen Wälder, das spanische Hochland oder die osteuropäische Steppe sind keine Fußgänger-Landschaften. Umgekehrt war die Mitte Europas zu keiner Zeit in ihrer Geschichte so dicht besiedelt wie der indische Subkontinent, Ostchina oder Japan. Würden wir Steiners Argumentation folgen, wären die Pilger auf Japans berühmten buddhistischen Pilgerwegen typische Europäer. Denn der langsam wechselnde Horizont der japanischen Pilger erschließt Kultur, Religion und Landschaft zugleich. Und das Promenieren, der *paseo* in Spanien, die *passeggiata* in Italien, hat seine Entsprechung im osmanisch-türkischen *tenezzüh* und im arabischen *tanazzuh*, den traditionellen Formen des Sich-Erholens und Herumwanderns (türkisch *seyir*, damaszenisch *sīrān*) in den zahlreichen grünen Parks und Promenaden, den *mutanazzahāt*, in Damaskus und Beirut und vielen anderen Städten des islamisch geprägten Kulturraums. Steiners Bestimmungen des typisch Europäischen halten einer Überprüfung nicht stand.

In seinen weiteren Parametern formuliert Steiner explizit Stereotype des kolonialen und des romantischen Europabildes, die hier nicht weiter besprochen werden müssen. Sie drücken sich in Sätzen aus wie: »Wir sind alle Griechen«, denn mit den Griechen begann (angeblich) Musik, Mathematik und Metaphysik. Oder: »Westeuropa hat das zwingende Privileg«, den säkularen Humanismus in der Welt zu verwirklichen. Wer Steiners elitären Standpunkt nicht teilt, kann diese Formulierungen schnell als arrogant empfinden, wie zuvor die herablassenden Äußerungen über außereuropäische Kultur.

Steiner erwähnt in seinem Essay ziemlich genau 100 Namen berühmter Künstler, Literaten und Wissenschaftler (darunter vier Frauen), die ihm zur Charakterisierung europäischer Kultur dienen. 83 dieser Namen sind Namen von Franzosen, Deutschen, Österreichern, Briten und antiken Griechen. Nun kann kein Essay die Vielfalt europäischer Kultur, die Steiner sehr lobt, auch nur annähernd einfangen, und mit Statistiken lässt sich noch jeder Schriftsteller beschämen. Doch selbst beim wohlwollendsten Lesen lässt sich nicht leugnen, dass Steiners Europabild eine entschiedene Schlagseite in Richtung neuzeitliche Mittelwesteuropäer und alte Griechen aufweist. Diese Schlagseite würde Kundera beispielsweise schmerzen, denn in Steiners Essay spielt Kunderas kulturelle Herzkammer Europas – Tschechoslowakei, Ungarn und Polen – keinerlei Rolle. Wenn Steiner am Ende des Essays die Hoffnung äußert, dass einmal der Durchschnittsmensch auf den Pfaden von Aristoteles und Goethe wandeln wird, dann stellt er sich vermutlich eine sehr menschliche Frage: Warum ist eigentlich nicht jeder so wie ich?

All das zeigt: Auch George Steiner erklärt seine eigene geistige Heimat zur Essenz Europas.

Von unten nach oben

Es gibt viele und gute Gründe dafür, kulturelle Europa-Begriffe mit großer Skepsis zu betrachten. In diesem Essay begegnete uns noch kein einziger kultureller Europa-Begriff, der nicht in irgendeiner Form parteiisch gewesen wäre: zugunsten einer Religion oder einer agnostischen Weltanschauung, zugunsten einer bestimmten Gegend, einer lokalen Kultur oder Sprache. Und es begegnete uns kein kultureller Europa-Begriff, der nicht andere Bewohnerinnen und Bewohner des Kontinents als Barbaren oder Europäer zweiter Klasse ausgegrenzt und der nicht ein herablassendes oder verzerrendes Bild der anderen Kontinente gezeichnet hätte. Parteiisch, ausgrenzend, arrogant, verzerrend – kulturelle Europa-Begriffe sind, so müssen wir feststellen, eine Plage. Jedenfalls solche, die vom Boden der kontinentalen Wirklichkeit losgelöst sind. Die »Warum ist nicht jeder so wie ich«-Begriffe benötigen die Geographie eigentlich nicht mehr, denn Europa ist dort, wo ihre Verkünder sind. Erst im Nachhinein wird diese Sorte kultureller Europa-Begriffe dem Kontinent wieder aufgezwungen und behauptet, dies sei seine Kultur. Wir sollten uns von ihnen verabschieden.

Diese Erkenntnis ist keinesfalls schrecklich. Denn sie bedeutet nicht, dass wir von europäischer Kultur gar nicht mehr reden könnten. Wir haben immer noch die Möglichkeit, einen deskriptiven Begriff europäischer Kultur zu pflegen. Wir können beschreiben, was auf dem Boden des Kontinents geschah, von unten nach oben, *bottom-up*. Auf diese Weise nehmen wir die Geographie ernst, vermeiden eine vorgefasste Zentralperspektive und können den Kontinent mit anderen Kontinenten vergleichen.

Denn es gibt ohne Zweifel kulturelle Räume. Stellen Sie sich vor, Sie stecken auf einer imaginären Landkarte der Welt Fähnchen für bestimmte kulturelle Praktiken einer bestimmten

Zeit, zum Beispiel für die Verbreitung der ionischen Säulenordnung der Antike um 300 n. Chr. In diesem Fall werden die Fähnchen auf einem großen Breitengrad-Gürtel von Pataliputra in Nordindien, dem heutigen Patna im Ganges-Tal, bis Córdoba in Spanien und Volubilis in Marokko gesteckt. Verbindet man alle Fähnchen mit Fäden, ist ein kultureller Raum markiert.

Oder, um ein musikalisches Beispiel zu wählen, die Sonatenhauptsatzform um 1790, die dreiteilige Form, bei der zwei harmonisch kontrastierende Themen aufgestellt (Exposition), im zweiten Teil harmonisch und motivisch verarbeitet (Durchführung) und in einer Reprise einander angeglichen werden. Um 1790 wird diese Form von Komponisten wie Haydn und Mozart verwendet. Hier würden die Fähnchen vor allem in Österreich, Ungarn und Deutschland stecken, und in wenigen anderen Zentren Europas, in denen sich der neue Sonatenstil allmählich durchsetzte. Die Kunstmusik im osmanischen Südosteuropa klang um 1790 völlig anders als die Sonaten in Wien.

Oder die medizinische Vier-Säfte-Lehre, die aus altorientalischen Ansätzen von griechischen Ärzten wie Hippokrates und Galen entwickelt worden war und Krankheiten auf ein Ungleichgewicht der vier Säfte, *humores* genannt, zurückführte: gelbe Galle, schwarze Galle, Blut und Schleim. Um 1500 wird diese medizinische Theorie an den europäischen Universitäten auf Lateinisch unterrichtet und ist auch in volkssprachigen Handbüchern weit verbreitet. Sie wird aber ebenso in der gesamten islamischen Welt auf Arabisch und Türkisch gelehrt, im Iran auch auf Persisch. Die Vier-Säfte-Lehre begegnet uns auf Armenisch, Georgisch und Hebräisch und auf dem indischen Subkontinent, wo sie zur Mogulzeit ein wichtiger Bestandteil der heute praktizierten Unani-Medizin wird, aber auch in Tibet. Die berühmtesten Autoritäten für die Vier-Säfte-Lehre in all diesen Sprachen sind der Grieche Galen und der Perser Avicenna.

Oder nehmen wir als viertes Beispiel die sefardische Aussprache hebräischer Gebete im Jahr 1818, als sie der Budapester Rabbiner Moses Kunitzer wie erwähnt auch für die aschkenasischen Juden Mittel- und Osteuropas empfahl. Nach der gewaltsamen Vertreibung der Juden von der Iberischen Halbinsel, die auf Hebräisch »Sefarad« heißt, flüchteten seit Ende des 15. Jahrhunderts viele spanische Juden in Städte des Osmanischen Reiches und später auch in christliche Städte wie Bordeaux, Livorno, Amsterdam oder Hamburg. Sie brachten viele ihrer Traditionen in die neue Heimat mit, darunter ihre Aussprache der Gebete und ihre Melodien. Auf diese Weise schufen sie einen neuen Kulturraum. Der erwähnte Rabbiner Kunitzer hob aus diesem Raum 1818 besonders Fez, Tunis, Tripolis, Italien und den europäischen Teil des Osmanischen Reiches hervor.

Ionische Kapitelle, Sonatenhauptsatzform, Vier-Säfte-Lehre und sefardische Gebete gehören zur Kultur Europas. Sie machen einen kleinen Teil jener kulturellen Praktiken und Formen aus, die auf diesem Kontinent in seiner langen Geschichte begegnen. Die Attribute ›typisch europäisch‹ oder ›Essenz Europas‹ wären in diesem Zusammenhang allerdings unpassend, denn die vier kulturellen Formen finden sich entweder auch auf anderen Kontinenten oder nur in bestimmten Regionen des europäischen Kontinents. Wenn wir also auf diese Weise kulturelle Räume abstecken, werden wir feststellen, dass die Kontinentalgrenzen Gibraltar, Bosporus und Ural in den wenigsten Fällen zugleich die Grenzen kultureller Räume waren.

Das ist besonders auffällig in der Philosophie- und Wissenschaftsgeschichte. Von etwa 300 v. Chr., also der Zeit nach Alexander dem Großen, bis etwa 1700 n. Chr., als die aristotelische Physik und Metaphysik in manchen Ländern Europas von den Lehrplänen verdrängt wurden, existierte ein gemeinsamer Wissenschaftsraum, der vom Westen Indiens über Nordafrika und Europa bis zur europäischen Atlantikküste reichte. Nimmt man das Jahr 1500 in den Blick, die Zeit der Hochrenaissance in Italien kurz nach dem Beginn der Kolonialzeit, dann umfasste dieser gemeinsame Raum alle von Judentum, Christentum und Islam geprägten Länder. Die Vier-Säfte-Lehre kennzeichnet diesen Raum in der Medizin sehr gut, aber auch viele andere medizinische Theorien wie die Diätetik, also die Lehre von der gesunden Lebensführung, oder die Arzneimittellehre. Die Astronomie ist geozentrisch und basiert überall auf sehr ähnlichen geometrischen Modellen zur Berechnung der Planetenbahnen, die aus Beobachtungsdaten abgeleitet sind. Die Astrologie wiederum, die Vorhersage aus den Sternen, stützt sich auf dieselben griechischen, persischen und arabischen Autoritäten.

Im großen Bereich der Philosophie und Naturwissenschaften wird ein gemeinsames, ursprünglich aristotelisches Vokabular verwendet, zum Beispiel in den Diskussionen über Bewegung und Impuls, über die Psychologie der Seelenkräfte oder über das Seiende als Seiendes als Gegenstand der Metaphysik.

In der Mathematik sind die verschiedenen Zweige der einfachen Algebra überall verbreitet (allerdings waren die fortgeschrittenen Teile der arabischen Mathematik wie etwa das Lösen von Gleichungen dritten Grades im lateinischen Europa unbekannt). Die Theologie der verschiedenen religiösen Gruppen in Judentum, Christentum und Islam um 1500 eint bei allen Unterschieden eine explizite Wissenschaftlichkeit und eine hochentwickelte Kultur des Kommentierens heiliger Schriften, die auf alte jüdische und griechische Traditionen zurückgeht.

Die naturwissenschaftliche Revolution des 17. Jahrhunderts in Zentraleuropa wird manchmal so dargestellt, als hätten durch sie alle diese Traditionen überwunden werden müssen. Tatsächlich aber wurden nur ganz bestimmte Teilbereiche wie die Bewegungsphysik, die planetarische Kosmologie und die theoretische Medizin revolutioniert. Alle anderen neuzeitlichen Wissenschaften ruhen auf dem Fundament dieses eufrasischen Wissenschaftsraumes auf. (Und natürlich hat so gut wie niemand im Mittelalter geglaubt, die Erde sei eine Scheibe. Dieses Märchen, das noch in manchen Schulbüchern steht, ist eine Erfindung romantischer Kolumbus-Biographen und antikirchlicher Intellektueller des 19. Jahrhunderts.)

Es mag verwundern, dass ein so großer, von so unterschiedlichen Religionen und Sitten geprägter Raum so ähnliche Wissenschaften hervorgebracht hat. Der Hauptgrund für diese Einheitlichkeit ist, neben den schon erwähnten wandernden Experten, die Praxis der schriftlichen Übersetzung. Insbesondere aus dem Griechischen und aus dem Arabischen wurde in großem Maßstab übersetzt. Städte wie Bagdad und Toledo sind heute berühmt für ihre kulturvermittelnde Rolle als Übersetzungszentren, die sie im 8. bis 10. und 12. bis 13. Jahrhundert gespielt haben.

Es mag auch verwundern, dass Religion und Wissenschaft einander nicht grundsätzlich ausschlossen. In der Tat haben religiöse Autoritäten durch Lehrverbote oder durch theologische Opposition gegen Wissenschaftler freies Denken behindert. 1277 beispielsweise verbot der Pariser Bischof die universitäre Lehre von 219 philosophischen Thesen, und ca. 1197 musste der berühmte Jurist, Mediziner und Philosoph Averroes auf Druck islamischer Theologen Córdoba verlassen. Religion beförderte andererseits aber auch die wissenschaftliche Erschließung der Welt. Denn Religion kann zum Nachdenken bringen. Viele bedeutende Wissenschaftler, wie Maimonides (12. Jh.), Naṣīraddīn aṭ-Ṭūsī (13. Jh.), Wilhelm von Ockham (14. Jh.) oder Nikolaus Kopernikus (16. Jh.) waren zugleich Kleriker, Theologen oder Religionsgelehrte.

Manch heutiger Parteigänger eines rein christlichen oder rein agnostischen Europa traut der islamischen Welt Wissenschaftlichkeit nicht zu und behauptet, dass die griechischen Wissenschaften im Einflussgebiet des Islam immer ein Fremdkörper geblieben seien.

Doch das ist ein Vorurteil. Es basiert auf dem falschen Klischee, dass »der Islam« (den es so nicht gibt, es gibt nur viele Formen von Islam) eine von der europäischen radikal verschiedene, andere Zivilisation darstelle und »unsere griechischen« Wissenschaften nur von der Antike ans Mittelalter vermittelt habe.

Tatsächlich haben die Wissenschaften vom Islam in mehrerer Hinsicht profitiert. Die abbasidischen Kalifen des 8. bis 10. Jahrhunderts haben die Übersetzungen wissenschaftlicher Texte gezielt gefördert. Überhaupt war der Hof des Herrschers im gesamten islamischen Raum ein wichtiger Arbeitgeber für Wissenschaftler. Die Entwicklung der Medizin profitierte von der Wertschätzung persönlicher Hygiene in der Religion des Islam und von der rechtlichen Institution der religiösen Stiftung (*waqf*), auf die zahlreiche Klinik-, Moschee- oder Schulgründungen wie zum Beispiel das Vakuf-Spital in Sarajevo zurückgehen. Die Beschäftigung mit der Astronomie hat einen festen Platz in der islamischen Kultur, da astronomisches Wissen für die Bestimmung der Gebetsrichtung (*qibla*) und die Zeiten der Gebete benötigt wird. Ab dem 13. Jahrhundert wurde es üblich, an großen Moscheen einen *muwaqqit*, einen Experten für Zeitmessung, anzustellen, und viele astronomische Instrumente, darunter großartige Produkte der Handwerkskunst, lassen sich bestimmten Moscheen oder sogar einem einzelnen *muwaqqit* zuordnen. Und schließlich wird in verschiedenen Versen des *Koran* (7:185, 88:17–20, 3:190) eine Hochschätzung der Natur und ihrer Erforschung ausgedrückt, die muslimische Wissenschaftler wie Averroes als Ansporn verstanden haben. Die Religion des Islam hat also die Naturwissenschaften nicht hervorgebracht, aber Rahmenbedingungen geboten, die zum beeindruckenden Aufschwung der Wissenschaften unter islamischen Herrschern beigetragen haben.

Vergleichbares lässt sich auch über die lateinisch-christliche Kirche im Mittelalter sagen. Die jährliche Berechnung des Osterdatums hat eine eigene Gattung naturwissenschaftlicher Schriften, die sogenannten Computus-Traktate, hervorgebracht. Und die Universitäten des Mittelalters waren zwar klerikal geprägt und von einem Bischof als Kanzler geführt, verpflichteten ihre Studenten aber zur Lektüre zahlreicher heidnisch-griechischer und arabischer Autoren und entwickelten sich so zu einem ständigen Motor wissenschaftlichen Denkens. Im Judentum schließlich bildete das hohe Bildungsideal der Rabbiner, das nicht nur *Tora* und *Talmud*, sondern auch hebräische Linguistik, Mystik, Metaphysik und Recht umfasste, eine günstige Rahmenbedingung für die Entwicklung philosophischer und wissenschaftlicher Literatur insbesondere unter muslimischer Herrschaft in Westasien, Nordafrika und in Spanien.

Dieser Ausflug in den gemeinsamen westasiatisch-nordafrikanisch-europäischen Wissenschaftsraum um 1500 zeigt, dass die Religionen zwar einflussreich waren, dass sie aber nicht alles bestimmten, schon gar nicht im Bildungs- und Wissenschaftsbereich. Die Wissenschaften ihrerseits waren kein weltlicher Fremdkörper, der nur an andere Kulturen vermittelt wurde. Vielmehr beeinflussten der Rahmen und der Kontext, den die Religionen setzten, die Entwicklung der Wissenschaften im Positiven wie im Negativen.

Der Ausflug zeigt auch: Es gab kulturelle Räume, aber es gab keine kulturellen Blöcke, keine Zivilisationen, die sich kulturell klar voneinander abgrenzen ließen, und schon gar keinen »Kampf der Kulturen«.

Denn die Bestimmung kultureller Räume ist in großem Maße davon abhängig, welche Fragen wir stellen. Wenn wir nicht nach den Wissenschaften um 1500 fragen, sondern nach der Verbreitung des Renaissance-Humanismus in der Literatur derselben Zeit, erhalten wir eine vollkommen andere kulturelle Landkarte, die Nord- und Mittelitalien und einige Zentren in Deutschland, Schweiz, England, Frankreich, Spanien, Polen, Böhmen und Ungarn umfasst. Der riesige eufrasische Wissenschaftsraum, der um 1500 London mit Isfahan verband, existierte gleichzeitig mit dem kleineren Raum des Humanismus. Beide kulturellen Räume trugen zur Kultur des europäischen Kontinents bei. Wenn wir beide Räume gedanklich verbinden, haben wir ein Beispiel dafür, wie man Europa offen denken kann.

Drei Weisen, Europa offen zu denken

Kehren wir zur Frage zurück: Was ist europäisch? Wenn wir die kulturellen Räume für einzelne Formen und Praktiken zu bestimmten Zeiten abstecken, erhalten wir ein Bild von europäischer Kultur, das einem Kulturraum-Netz gleicht, einem Netz aus zahllosen kleinen und großen Fähnchen-Räumen. Manche Teile des Netzes reichen weit über die Kontinentalgrenzen hinaus, manche bedecken nur einen Teil des Kontinents. Es ist mehr als unwahrscheinlich, eine einzelne kulturelle Form finden zu können, deren Verbreitungsraum den Kontinent genau abdeckt und dabei seine Grenzen nicht überschreitet. Dafür waren diese Grenzen zu durchlässig.

Auf mindestens drei Weisen können wir aber über Europa sprechen, ohne wieder in koloniale und romantische Denkformen zu verfallen. Wir können davon sprechen, erstens was typisch europäisch ist; zweitens was kontinentaleuropäisch ist; und drittens was die europäische Heimat eines Menschen ausmacht.

Beginnen wir mit dem Ausdruck ›typisch europäisch‹. Die Vorstellung von einem Kulturraum-Netz macht es möglich, die Begriffe ›typisch‹ und ›spezifisch‹ sinnvoll zu benutzen. Denn was für die Kultur auf diesem Kontinent typisch ist, sind nicht einzelne Charakteristika, sondern ihre Kombination, also das gesamte Netz zu einer bestimmten Zeit. Als Beispiel mag das 15. Jahrhundert dienen. Es gibt auch auf anderen Kontinenten Briefliteratur, Vier-Säfte-Lehren, Palastarchitektur, Lügenerzählungen, Moscheen, Kirchen, Synagogen, Scholastik und mehrstimmige Musik. Doch das Mit- und Nebeneinander von humanistischer Briefliteratur, universitärer Vier-Säfte-Lehre, andalusischer Palastarchitektur, altnordischen Lügensagas, osmanischem Moscheebau, hebräischer Scholastik und mehrstimmiger lateinischer Motette ist spezifisch europäisch. Die Kultur Europas hat dann kein Wesen, keine Essenz, aber sie lässt sich trotzdem bestimmen, nämlich als Netz von kulturellen Formen und Praktiken einer bestimmten Zeit.

Zweitens können wir über die europäische Kultur einer Zeit auch sprechen, indem wir unseren Blick nur auf den kontinentalen Ausschnitt des Kulturraum-Netzes konzentrieren und die anderen Kontinente ausblenden. Wir schneiden gedanklich die an den Kontinentalgrenzen überstehenden Teile des Netzes ab. Dann sollten wir allerdings unbedingt auf die Verwendung der Attribute ›typisch‹ und ›spezifisch‹ verzichten, denn das, was spezifisch ist, lässt sich wie gesehen nur im Vergleich mit anderen Kontinenten bestimmen. Immerhin haben wir nun aber das Ganze des Kontinents im Blick, und das ermöglicht uns, auf sinnvolle Weise von der europäischen Kultur einer Zeit zu sprechen.

Das Ganze des Kontinents im Blick zu haben bildet hierbei allerdings die entscheidende Herausforderung. Stellen Sie sich vor, Sie suchen in einer Buchhandlung oder Bibliothek nach einem Werk über europäische Architektur des 12. Jahrhunderts,

Schwerpunkt Sakralbau. Finden Sie dort etwas über die hölzernen Stabkirchen in Urnes und Borgund in Norwegen? Über den Moscheebau in Granada, die zweite Bauphase der Erfurter Synagoge, die Kirchenburgen in Rumänien, den orthodoxen Kirchenbau in Osteuropa, die weiße Kathedrale im russischen Wladimir? Vermutlich nicht. Vielmehr werden Sie ausschließlich etwas über ein ganz bestimmtes regionales Phänomen lesen, das Mittelwesteuropäern besonders am Herzen liegt: die Entstehung des gotischen Kathedralbaus.

Oder Sie fragen in einer Bibliothek nach Literatur über europäische Architekten des 16. Jahrhunderts. Man wird Ihnen Bücher zu Michelangelo und dem Petersdom zeigen, zu Juan de Herrera und dem spanischen Klosterpalast El Escorial und zum Stil des Andrea Palladio. Doch wird man auch an Postnik Jakowlew denken, den Architekten der Basilius-Kathedrale mit ihren neun Kuppeln am Roten Platz in Moskau? Oder an Sinan bin Abdülmennan, den berühmten Architekten des Osmanischen Reiches? Sinans bewunderte Bauten – Moscheen, Schulen, Mausoleen, Brücken, Aquädukte, Paläste und Karawansereien – fanden viele Nachahmer und haben die Architektur Südosteuropas für Jahrhunderte geprägt. Sinan konzipierte so bedeutende europäische Architektur-Marksteine wie die Drinabrücke im bosnischen Višegrad, die Selimiye-Moschee in Edirne und die Süleymaniye-Moschee in Istanbul, aber auch viele weniger bekannte Bauwerke in Griechenland, Albanien, Bulgarien oder auf der Krim.

Oder Sie besuchen einen Vortrag über die liberale Theologie und das religiöse Reformdenken in Europa im 19. Jahrhundert. Dort werden Sie bestimmt etwas über die Strömung des Reformkatholizismus und die liberale protestantische Theologie von Adolf von Harnack und anderen erfahren. Doch hören Sie auch etwas über das liberale Judentum und seine Leitfiguren wie Abraham Geiger (1810–1874), den Mitbegründer der Ber-

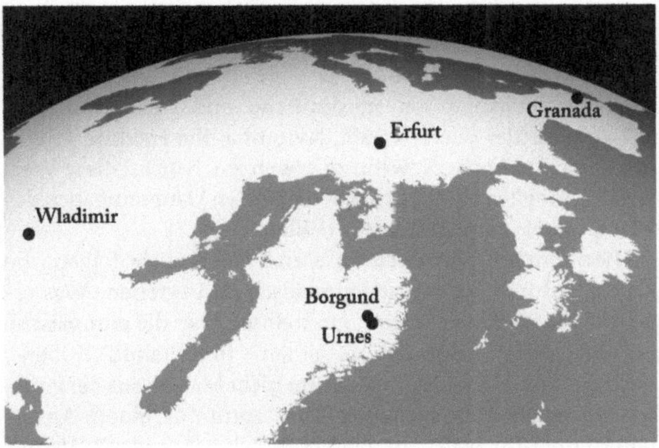

Europa von Norden

liner Hochschule für die Wissenschaft des Judentums? Geiger war ein beeindruckender Vordenker für eine wissenschaftlich-philologische Ausbildung der Rabbiner, den Gebrauch der deutschen Sprache in der jüdischen Liturgie und ein historisches Verständnis des *Talmud*.

Und es gibt im 19. Jahrhundert noch eine vierte reformtheologische Strömung auf dem Kontinent: den Dschadidismus der muslimischen Tataren in Osteuropa. Die Strömung des Dschadidismus (abgeleitet vom arabischen *ǧadīd* ›neu‹) ist Teil der weltweiten Modernismus-Bewegung im Islam, dessen Texte Charles Kurzman in seinem Buch *Modernist Islam 1840–1940* zugänglich gemacht hat. Ein besonders einflussreicher und lesenswerter Dschadidist war Ismail Gasprinski (1851–1914), der tatarische Schriftsteller und Verleger aus Bachtschysaraj auf der Krim, ein Vorkämpfer für die Modernisierung des muslimischen Schulwesens und der muslimischen Frauenbildung im russischen Reich. Gasprinski forderte eine stärkere Bildung in den tatarischen Turksprachen, im Arabischen und im Russischen und setzte sich erfolgreich dafür ein, den religiösen Lektürekanon um muslimische und westeuropäische Wissenschaftler wie al-Fārābī, Avicenna, Ibn Ḫaldūn, Johannes Kepler und Isaac Newton zu erweitern. Nur auf diese Weise sei es möglich, so Gasprinski, die beiden Hauptaufgaben des Islam, Gebet und Bildung, zu erfüllen.

Hier könnten nun noch viele andere Beispiele folgen, die Kultur Europas kontinentaleuropäisch zu begreifen. Was erwarten Sie, wenn Sie in eine Ausstellung über die europäische Malerei des 17. Jahrhunderts gehen? Rembrandt, Rubens, Velázquez und Caravaggio? Warum nicht Malerei aus der größten Metropole des Kontinents, Konstantinopel, einem Anziehungspunkt für Maler aus allen Himmelsrichtungen? Warum nicht Ikonenmalerei aus Osteuropa? Warum nicht Malerei, die am Hof der Vasa in Schweden entstand? Weil der mittelwesteuropäische Kanon unsere Blickrichtung verfestigt hat.

Kommen wir zur dritten Art und Weise, Europa offen zu denken, und damit zu den Begriffen ›Heimat‹ und ›Zuhause‹. Der französische Staatspräsident Emmanuel Macron hat ein Gefühl auf den Punkt gebracht, das vermutlich viele Europäer kennen: »Im Übrigen merken wir, dass wir Europäer sind, wenn man uns auf andere Kontinente schickt.« Die Gefahr dieses Gefühls besteht darin, dass es trügerisch sein kann. Denn es beschreibt nicht, was Europa ausmacht, sondern wo wir uns zu Hause fühlen. Macron fühlt sich ganz offensichtlich bei den Griechen und im neuzeitlichen Mittelwesteuropa zu Hause. Seine Europarede von 2017 zeigt dies deutlich:

> Dieses Europa, in dem jeder Europäer [*chaque Européen*] sein Schicksal im Profil eines griechischen Tempels oder in Mona Lisas Lächeln erkennt, wo sie in den Schriften von Musil

oder Proust in ganz Europa verbreitete Emotionen spüren können, dieses Europa der von Steiner beschriebenen Cafés, dieses Europa, das Suarès »ein Gesetz, ein Geist, ein Brauch« nannte, dieses Europa der Landschaften und Folklore, dieses Europa des Erasmus, […] was es zusammenhält, ist seine Kultur.

Wirklich jeder Europäer? Nein. Was Macron hier schildert, ist in erster Linie seine eigene kulturelle Heimat. Vielleicht finden viele Europäer Musil und Proust nicht emotional berührend, sondern eher langatmig? Vielleicht sind sie in einem weiblicheren oder feministischeren Europa zu Hause? Zum Beispiel im Europa von Mary Wollstonecraft, Jane Austen und Virginia Woolf oder von Anna Politkowskaja und Greta Thunberg? Oder in einem christlicheren oder muslimischeren? Oder sie finden ihre bevorzugte kulturelle Heimat in den nordischen Heldensagen, bei Richard Wagner, bei J. R. R. Tolkien? Oder in ungarischer und tschechischer Literatur? Oder im russischen Film der 1920er Jahre, in britischem Pop, türkischer Volksmusik oder skandinavischem Heavy Metal? (Diese Reihe ließe sich beliebig fortsetzen.) Dann haben diese Menschen eine andere kulturelle Heimat als Macron, aber sie sind trotzdem kulturell in Europa zu Hause. Europäische Kultur ist so vielgestaltig, so reich, dass sie vielen verschiedenen Menschen eine Heimat bieten kann.

Es ist etwas sehr Wertvolles, von einer geistigen Heimat sprechen zu können, ob in Europa oder anderswo, in einer oder mehreren Kulturen. Es ermutigt, es stabilisiert das eigene Leben, und es verbindet mit anderen Menschen. Macron hat sicherlich recht, wenn er sagt, dass wir kulturelle Zugehörigkeiten besonders dann spüren, wenn wir woanders sind. Doch Heimatgefühle, auch geistige und kulturelle, sind zu individuell, als dass sie Rückschlüsse auf die Kultur eines Kontinents erlauben würden. Wir können die europäische Kultur verschiedener Zeiten beschreiben und erschließen, von unten nach oben, wie in diesem Essay. Doch zu Hause fühlen können wir uns in diesem wilden Ozean unterschiedlichster kultureller Formen nicht. Dazu benötigen wir einzelne Inseln. Daher unterscheidet sich diese dritte Weise, über Europa zu sprechen, von den ersten beiden, dem Sprechen über ›typisch europäisch‹ und ›kontinentaleuropäisch‹. Geistige Heimat ist subjektiv. Anders als über das Kulturraum-Netz des Kontinents können wir uns darüber, wo wir uns zu Hause fühlen, nicht einigen, auch nicht in Europa.

Wenn von geistiger Heimat in Europa gesprochen wird, besteht stets die Gefahr, dass dieses Sprechen in einen ausgrenzenden Begriff europäischer Kultur umschlägt, weil diese Heimat als Privileg, als Vorrecht empfunden wird. Seine geistige Heimat in Europa zu haben ist aber kein Privileg von Menschen, die in Europa wohnen, und schon gar kein Verdienst. Sie können in Seoul leben und ihre geistige Heimat bei Thomas Mann, roten Backsteinkirchen des Ostseeraums und der Musik von Johann Sebastian Bach haben. Und Sie können in London wohnen und sich geistig bei Gabriel García Márquez und der Kultur der kolumbianischen Anden zu Hause fühlen. Bewohner des Kontinents Europa zu sein eröffnet keinen privilegierten Zugang zu europäischer Kultur. Wer in Bonn geboren wurde, hat nicht von vornherein ein tieferes Verständnis für Beethoven als der Beethoven-Liebhaber auf dem genau antipodischen Punkt der Weltkugel im Südpazifik. Kultur kann allen Menschen eine geistige Heimat bieten. Sie ist Gegenstand gemeinsamer menschlicher Erfahrung. In diesem Sinne ist sie, um mit Edward Said zu sprechen, »humanistisch« und »universell«.

Wenn also europäische Kultur als geistige Heimat so universell und gleichzeitig subjektiv ist: Warum bemühe ich mich überhaupt darum, diese dritte Sprechweise über Europa stark zu machen? Weil das Sprechen über geistige Heimat eine soziale Angelegenheit ist, weil es mit anderen Menschen verbindet. Wir können uns zwar über unsere geistigen Heimaten in Europa niemals vollständig einigen, doch wir können uns über sie austauschen, Übereinstimmungen und Unterschiede feststellen, Anregungen geben und erhalten. So bilden wir annäherungsweise Gemeinsamkeiten des Interesses und der kulturellen Heimat aus und bauen an einem Gefühl der gemeinsamen Zugehörigkeit. Wenn dieser Austausch über Europa ein offener ist, wenn ihm ein deskriptiver, kontinentaleuropäischer Begriff von Kultur zugrunde liegt, könnte das Sprechen von geistiger Heimat eine große Chance eröffnen: dass sich sehr unterschiedliche Menschen kulturell in Europa zu Hause fühlen.

4 Vielvölkerstädte: das Europa der Zukunft

Europa offen zu denken bedeutet also nicht, dass wir über das, was Europa und seine Kultur ausmacht, nicht mehr reden könnten. Wir können dies durchaus, allerdings nur beschreibend von unten nach oben. Reicht das aber für das Zusammenleben und den Zusammenhalt auf diesem Kontinent aus? Fehlt es hier nicht an affektiver Bindung, an Leidenschaft, an der Strahlkraft der großen Schlagwörter ›Entdeckung der Vernunft‹, ›Golgatha, Akropolis, Kapitol‹, ›Dante, Shakespeare, Voltaire, Goethe‹?

Der Satz »Was Europa zusammenhält, ist seine Kultur« ist eine Wunschvorstellung, aber keine Realität. Und diese Vorstellung ist auch gar nicht wünschenswert, denn ein Proust-Musil-Erasmus-Europa würde einer kulturellen Verarmung gleichkommen. Die Idee, dass eine bestimmte Kultur ein Gemeinwesen zusammenhält, ist ein Überbleibsel des Nationalismus, also des Gedankens, dass ein Staat von einer Nation getragen sein sollte, die in irgendeiner Weise einheitlich ist. Da in den meisten Staaten der Neuzeit ethnische und sprachliche Minderheiten lebten, musste die Nation durch gemeinsame kulturelle Merkmale bestimmt werden, in der Regel dadurch, dass kulturelle Ideale der Mehrheit der Bevölkerung oder einer besonders dominanten Gruppe zur Kultur der Nation erklärt wurden. Ob das eine politisch sinnvolle Idee war, darf bezweifelt werden.

Inzwischen ist der Nationalismus von der Wirklichkeit überholt worden. Alle Großstädte Europas sind Vielvölkerstädte. Für manche Menschen ist das belastend, für andere bereichernd, auf jeden Fall ist es eine Realität. Ein überzeugender Begriff von Nation, der noch irgendeinen Gehalt hätte, lässt sich für die Bevölkerungen unserer Zeit jedenfalls nicht mehr bilden. Natürlich kann mit dem Slogan »Make this nation great again« immer Politik gemacht werden, doch dieser Slogan steht isoliert, denn die Substanz dahinter ist hohl. ›Nation‹ bedeutet nicht mehr als die Menge derjenigen, die eine bestimmte Staatsbürgerschaft besitzen.

Das ist aber nicht schrecklich. Warum nicht? Ein Grund, warum wir uns vor den Vielvölkerstädten der Gegenwart und der Zukunft nicht fürchten müssen, liegt in der Geschichte multiethnischer Städte auf dem europäischen Kontinent. Denn Vielvölkerstädte sind für Europa nichts Neues. Sie existieren schon lange, und aus ihrer Geschichte lässt sich einiges lernen. Das wird uns aber nur dann gelingen, wenn wir die Metropolen der Vergangenheit nicht als Paradiese kosmopolitischen Zusammenlebens verklären.

Europäische Städte wurden aus sehr unterschiedlichen Gründen zu Vielvölkerstädten. London und Paris, als Zentren kolonialer Reiche, waren die größten Städte Europas im 19. Jahrhundert. In London bildeten damals Iren, die vor Hunger, und Juden des russischen Reiches, die vor Gewalt und Pogromen geflohen waren, die größten Zuwanderergruppen. In Paris hingegen war der Mangel an Arbeitskräften der wichtigste Grund für Zuwanderung, die überwiegend aus anderen europäischen Ländern erfolgte: aus Belgien, Italien, Spanien und Deutschland.

Gelegentlich wird mit leicht fremdenfeindlichem Unterton behauptet, dass nur Imperien multikulturell waren und sein können. Das ist historisch so nicht korrekt. London und Paris waren im 19. Jahrhundert Zentren kolonialer Imperien, und natürlich gehörten Menschen vieler Sprachen, Kleidungen und Hautfarben zum Stadtbild, in London vor allem Seeleute und Soldaten. Doch die Hauptursachen für die Multiethnizität dieser Städte hatten mit dem Imperium nichts zu tun, denn die Zuwanderungen wurden ausgelöst von Hunger, Gewalt und der Anwerbung von Arbeitskräften. Diese drei Faktoren gehören zur Menschheitsgeschichte und nicht nur zur Geschichte von Imperien. Sie haben schon viele unserer Vorfahren zum Wandern gebracht.

Blicken wir weiter zurück in der europäischen Geschichte. Europa im Mittelalter war, wie gezeigt, kein homogenes »christliches Land«. Jumne (Wolin) an der Odermündung, für Adam von Bremen die größte Stadt Europas, war eine Stadt der heidnischen Wikinger und Slawen. Prag wird uns in arabischen Reiseberichten des 10. Jahrhunderts als großes Handelszentrum beschrieben, in dem Angehörige vieler handeltreibender Völker lebten, darunter Skandinavier, Slawen, Juden und Muslime. Kiew, der Sitz des Großfürsten und Herrschers über die Kiewer Rus, war lange Zeit ein Zentrum des Fernhandels, der von Schweden und Finnland über die osteuropäischen Flüsse nach Konstantinopel, Bagdad, Buchara und Samarkand führte. Die ungefähr 17 000 arabischen Silbermünzen, die in Kiew und Umgebung bei Ausgrabungen gefunden wurden, zeugen von der Intensität dieser Fernhandelsverbindungen. Während der langen Blütezeit Kiews im 10. und 11. Jahrhundert waren auf den Straßen der Stadt Menschen zahlreicher Sprachen und Religionen unterwegs: nichtmonotheistische, christliche, jüdische, muslimische. Ab dem 12. Jahrhundert verlor Kiew an Bedeutung und Macht, doch nicht wegen seiner Multiethnizität, sondern aufgrund militärischer Auseinandersetzungen und rivalisierender Teilfürstentümer. Vielvölkerstädte, so sieht man, haben in Osteuropa eine jahrhundertealte Tradition.

Dasselbe gilt auch für andere Teile Europas wie Italien. Die italienische Stadt Bari an der Adriaküste war ein Zentrum byzantinischer, arabischer und normannischer Kultur im Mittelalter und eine multiethnische Stadt, in der Griechen, Langobarden, Franken, Slawen, Armenier, Araber und Juden lebten und sich viele Kaufleute aus dem östlichen Mittelmeer und Nordafrika aufhielten. Einen außergewöhnlich guten Einblick in mittelalterlich-europäische Multikulturalität geben die für

Bari erhaltenen Listen von Brautgeschenken, die einen Zeitraum von 400 Jahren abdecken (10.–14. Jh.). Die Namen für Kleider, Accessoires und Schmuck, für Materialien, Formen und Farben ergeben ein faszinierendes lateinisch-griechisch-germanisch-arabisch-slawisch-venezianisch-französisches Gesamtbild, von Circelli-Ohrringen bis zu Zendai-Seide.

Doch die berühmtesten Beispiele multiethnischer Städte im mittelalterlichen Europa sind die erwähnten Metropolen Konstantinopel und Córdoba, in die viele Menschen aus dem Grunde zogen, weil sie Arbeit, Schutz und Möglichkeiten zum Handel boten.

Im Konstantinopel des 12. Jahrhunderts lebten neben Griechen viele Armenier, die auch hohe Staatsämter bekleideten, Syrer, Juden, lateinische Christen und Muslime, jeweils in eigenen Stadtvierteln. Für die Muslime gab es eine eigene Moschee. In der Nähe der Häfen am Goldenen Horn lagen die Viertel der Venezianer, Pisaner und Genueser. Die Venezianer besaßen besonders große Privilegien, da sie sich gegenüber Konstantinopel vertraglich verpflichtet hatten, militärischen Schutz vor Angriffen der sizilianischen Normannen (hinter denen der Papst stand) zu bieten. Innerstädtische soziale Spannungen entwickelten sich vor allem zwischen lateinischen und griechischen Christen, unter denen auch Eheschließungen nicht gestattet waren. Im Jahr 1171 ließ der oströmische Kaiser alle in seinem Reich lebenden Venezianer, über 10 000 Menschen, vorübergehend festnehmen, und der Reichtum des Viertels wanderte in die Schatztruhen der Staatselite. Etwa 100 Jahre später aber, nach der verheerenden Plünderung und Zerstörung der Stadt durch die lateinischen Kreuzfahrer und Venezianer im Jahr 1204, begann das multiethnische Leben dank tatkräftiger Unterstützung der Genuesen wieder aufzublühen.

Ab 1453, dem Beginn der osmanischen Herrschaft in Konstantinopel, wurde das Nebeneinander der Völker zur Basis eines dauerhaften wirtschaftlichen und kulturellen Aufschwungs. Nichtmuslime waren zwar benachteiligt, denn sie zahlten eine nach Vermögen abgestufte Kopfsteuer (die *cizye*), mussten sich an bestimmte Kleider- und Bauvorschriften halten, konnten vor Gericht nicht gegen Muslime aussagen und hatten keinen Zugang zu Staatsämtern, mit Ausnahme des diplomatischen Dienstes. Doch war dieses geordnete Nebeneinander mehr als 400 Jahre lang geprägt von erstaunlicher Stabilität und vergleichsweise großer Friedlichkeit, bis zu den ersten Pogromen gegen die Armenier Ende des 19. Jahrhunderts. Als ein wichtiger Stabilitätsfaktor erwies sich der geringe staatliche Druck auf Nichtmuslime, sich gegen ihren Willen zum Islam zu bekehren. Mit dem Genozid an den Armeniern 1915/16, der Zwangsaussiedlung der christlichen Griechen 1923 (bei gleichzeitiger Zwangsaussiedlung der muslimischen Türken aus Griechenland) und der Auswanderung vieler Juden verlor Istanbul seine alte Internationalität (inzwischen hat sich eine neue entwickelt). Die unheilvolle Idee der ›Nation‹ hatte daran einen sehr unerfreulichen Anteil.

Im muslimischen Córdoba der Jahre 711 bis 1236 wurden Nichtmuslime ähnlich benachteiligt wie später in Istanbul, insbesondere durch die Kopfsteuer, allerdings waren die sozialen Aufstiegschancen größer. Die Kalifen des 10. Jahrhunderts vergaben zwar keine offiziellen Ämter, aber zentrale Aufgaben in Verwaltung und Diplomatie an Juden, Christen und freigelassene Sklaven. Auf diese Weise beschränkten sie die Macht alter arabisch-muslimischer Eliten. Wie in vielen anderen Vielvölkerstädten des eufrasischen Raumes konzentrierte sich das Leben der verschiedenen ethnischen und religiösen Gruppen ohne Zwang in eigenen Stadtvierteln mit jeweils eigenen Sakralbauten. Die vielen Marktplätze waren bevorzugte Orte, die ethnischen und religiösen Grenzen zu überwinden. Und es gab soziale Bereiche, in denen diese Grenzen nur noch eine unter-

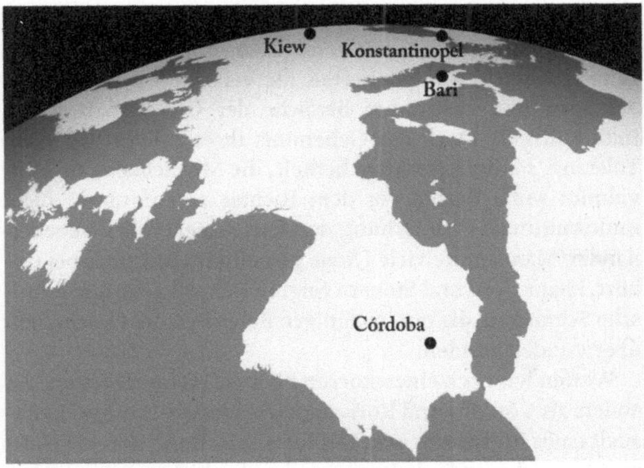

Europa von Westen

geordnete Rolle spielten: in der Oberschicht, der Jugendkultur und der Halbwelt – ähnlich wie in heutigen europäischen Großstädten. Das Nebeneinander in der Vielvölkerstadt Córdoba blieb nicht ohne Konflikte, wie die vermutlich nicht ganz verlässlichen Geschichten von christlichen ›Märtyrern‹ im 9. Jahrhundert zeigen. Soziale Spannungen gab es auch zwischen den ethnischen Gruppen der Araber und Berber und zwischen der kosmopolitisch-liberalen Oberschicht und religiös-konservativen Teilen der muslimischen und christlichen Bevölkerung.

1009 begann ein Bürgerkrieg zwischen verschiedenen arabischen und berberischen Eliten, der der Glanzzeit Córdobas ein Ende setzte. Córdoba blieb eine multiethnische Stadt, wie auch viele andere kleinere Städte Andalusiens, selbst nach den Repressionen gegen die jüdische Bevölkerung im 12. Jahrhundert. Sie ist ein Beispiel für eine europäische Vielvölkermetropole, die jahrhundertelang prosperierte.

Aus heutiger Sicht mag uns Córdoba als ein Hort der Toleranz und Multikulturalität erscheinen, doch das wäre nicht ganz treffend. Zwar tolerierten die verschiedenen Gruppen einander, und bestimmte Bereiche der Gesellschaft waren multikulturell. Doch das Geheimnis ihres Erfolgs war nicht Toleranz, sondern Rechtssicherheit, die Möglichkeit, als Individuum seine Rechte vor dem Richter einzufordern; nicht multikulturelle Vermischung, sondern respektvolles Nebeneinander. Man konnte viele Dinge gemeinsam tun, aber bei Geburt, Heirat, Tod und Steuern zeigten sich religiöse und ethnische Schranken, die nur in wenigen Bereichen der Gesellschaft überwunden wurden.

Werfen wir noch einen kurzen Blick auf das antike Rom, das anders als Córdoba und Konstantinopel tatsächlich die Hauptstadt eines Imperiums war. Das Römische Reich unterscheidet sich von vielen anderen Imperien der Geschichte dadurch, dass es Millionen Menschen unterschiedlicher Herkunft, Sprache, Hautfarbe und Lebensform zu römischen Bürgern machte. Das volle römische Bürgerrecht erhielten alle Bewohner von Städten mit dem Status von Kolonien. Auch wurde das Bürgerrecht in der Regel der landbesitzenden Oberschicht neu unterworfener Städte und Länder angeboten. Wer in der römischen Armee diente oder freigelassener Sklave eines Römers war, hatte ebenfalls Zugang zu eingeschränktem Bürgerrecht. Als römischer Bürger zahlte man weniger Steuern, konnte frei im Römischen Reich siedeln, Römer heiraten, von Römern erben, vor Gericht gehen und unter dem Schutz römischen Rechts Handel treiben – Rom bot hier deutlich bessere Privilegien als ihre Rivalen, die karthagischen und griechischen Gründer von Kolonien. Es gab zwar im eufrasischen Raum schon vor der Zeit des römischen Imperiums multiethnische Metropolen, wie etwa Assur am Tigris. Assurs Bevölkerungswachstum beruhte aber zu einem großen Teil auf Deportationen und erzwungener Umsiedlung. Rom hingegen ist ein Beispiel höchst erfolgreicher Bürgerrechts-Inklusivität.

Wenn wir zu den Vielvölkerstädten der Gegenwart zurückkehren, fällt schnell auf, dass sich die historische Situation und unsere Ansprüche an das Zusammenleben stark verändert haben. Viele soziale Bewegungen – stoische, christliche, aufklärerische und nicht zuletzt feministische – haben unsere Vorstellungen von Gleichheit und Gleichberechtigung verändert und dazu geführt, dass wir gleiche Rechte für alle Bürgerinnen und Bürger fordern und Privilegien aufgrund ethnischer oder religiöser Herkunft nicht akzeptieren. Wir haben auch den Anspruch, dass Ämter und überhaupt politische Teilhabe allen gleichermaßen offenstehen. Und wir wünschen nicht nur Rechtssicherheit, die ein Souverän garantiert, sondern einen Rechtsstaat, der die Bürger auch vor Übergriffen des Staates selbst schützt.

Doch bei allen Unterschieden lässt sich trotzdem etwas von den europäischen Vielvölkerstädten der Vergangenheit lernen. Zuallererst, dass es jahrhundertelang stabile und weitgehend friedliche Vielvölkerstädte auf dem Kontinent gegeben hat und immer noch gibt. Das ist ermutigend. Europäer können das: Sie können friedlich in multiethnischen Gesellschaften leben und dabei von langen Erfahrungen profitieren. Man mag einwenden, dass Europäer auch das Gegenteil sehr gut konnten, nämlich ganze Volksgruppen zu ermorden. Das ist richtig. Es ist jedoch das Anliegen dieses Essays, in der Vergangenheit auf Paradigmatisches und auf Chancen aufmerksam zu machen, und die beschriebene Tradition der Vielvölkerstädte ist eine solche positive Erfahrung.

Eine zweite Lehre ist noch wichtiger. Von den osteuropäischen und mediterranen Vielvölkerstädten lässt sich lernen, dass es zu einem funktionierenden Gemeinwesen keiner Leitkultur, keiner Assimilation an eine gemeinsame Kultur bedarf.

Zwar gab es in all diesen Städten eine dominierende Bevölkerungsgruppe: in Kiew die normannischen Waräger und später andere Eliten; in Konstantinopel die orthodoxen Christen, später die muslimischen Osmanen; in Córdoba die muslimischen Araber. Die anderen nichtdominanten Gruppen wurden jedoch nicht assimiliert, sondern blieben kulturell und im alltäglichen Stadtbild eigenständig, mit klar umrissenen Rechten. Man war es gewohnt, vielen Sprachen, vielen Kleidungen, vielen Hautfarben auf den Straßen zu begegnen. Feiertage der einzelnen Gruppen wurden durchaus von anderen mitgefeiert, wenn auch vermutlich mit weniger religiösem Ernst. Doch es blieb weitgehend ein Nebeneinander, nur selten ein Miteinander und noch seltener eine richtige Vermischung.

Das ist deshalb so bedenkenswert, weil wir in heutigen Diskussionen schnell nur noch zwei Alternativen sehen: Entweder fordern wir konservativ Integration und Angleichung an eine Leitkultur oder linksliberal Multikulturalität im Sinne einer Vermischung von Kulturen. Für die europäischen Vielvölkerstädte der Vergangenheit ist weder das eine noch das andere typisch. Sie boten rechtliche Sicherheit für die verschiedenen ethnischen Gruppen und akzeptierten gleichzeitig das Nebeneinander unterschiedlicher ethnischer und religiöser Traditionen und Praktiken.

Die Lehre daraus ist, dass ein solches Nebeneinander für ein funktionierendes Gemeinwesen ausreichen kann. Damit ist nicht gemeint, dass wir wieder in getrennten Stadtvierteln leben sollten. Die Überwindung von Ghettoisierung und Segregation ist eine zentrale Aufgabe der Stadtarchitektur und Stadtplanung. Gemeint ist, dass wir zu viel fordern, wenn wir uns Integration nach Maßgabe einer Leitkultur oder multikulturelle Vermischung wünschen. Es ist sehr menschlich und natürlich, dass Menschen mit unterschiedlichen ethnischen oder religiösen Sitten einander fremd vorkommen. Fremdheitsgefühle gegenüber Mitbürgerinnen und Mitbürgern sind nicht schön, aber sie sind vollkommen normal und Teil der menschlichen Psyche. Die meisten von uns suchen die Nähe von Menschen, die uns ähnlich sind. Wir alle leben sozusagen in kulturellen Stadtvierteln, doch das gefährdet noch nicht unser Gemeinwesen. Die Aufgabe besteht nicht darin, das Nebeneinander zu beseitigen, sondern es zu gestalten. Für diejenigen von uns, die dazu imstande sind, lautet die Aufgabe Überwindung des Abstandes. Für die anderen von uns, die lieber in respektvollem Abstand leben, lautet sie Toleranz: die anderen so leben zu lassen, wie sie es möchten, wie und wann auch immer sie ihre Feste feiern. ›Nebeneinander‹ bedeutet anerkennen, dass die anderen in Europa gleiche Rechte haben wie man selbst. Dazu gehört auch, dass auf Mission und Bekehrungsversuche, seien es religiöse oder säkulare, verzichtet wird.

Der Kontinent Europa hat auf diesem Weg in die globale Zukunft einen unverdienten Vorteil gegenüber anderen Kontinenten: Er wurde nicht von anderen Kontinenten her kolonialisiert. In vielen Ländern außerhalb Europas bewirkte die Kolonialisierung eine Trennung der Bevölkerung in ›Eingeborene‹ und ›Kolonialherren‹. In Europa hingegen gibt es keine ›Eingeborenen‹. Jeder Europäer hat Vorfahren, die einmal gewandert sind. Die Samen und Basken werden manchmal als die einzigen indigenen Völker des Kontinents bezeichnet, doch sind sie vermutlich nur früher als alle anderen gewandert, so früh, dass keine Nachrichten über ihre Migration erhalten sind. Von diesen möglichen Ausnahmen abgesehen gibt es auf dem Kontinent keine Ureinwohner. Die kulturelle Entwicklung des Kontinents ist von vielen verschiedenen Völkern, Sprachen, Religionen und Kulturen geprägt, auch deshalb, weil die Kontinentalgrenzen leicht zu überwinden waren. Diese Prägung und die Tatsache, dass alle Europäer Migranten als Vorfahren haben, macht es leichter, Vielfalt zu akzeptieren, ein respektvolles Nebeneinander zu leben und es in Richtung eines Miteinander zu gestalten.

Aber mangelt es einem solchen Gemeinwesen nicht an hinreichender Loyalität seiner Bürgerinnen und Bürger?

Politische Verpflichtung

An dieser Stelle ist eine Unterscheidung hilfreich, die Judith Shklar 1992 in ihrem Vortrag *Verpflichtung, Loyalität, Exil* vorgeschlagen hat. Die in Lettland aufgewachsene, 1939 als deutsche Jüdin nach Kanada geflohene Harvard-Politikwissenschaftlerin argumentiert dafür, zwischen Verpflichtung (»obligation«) und Loyalität (»loyalty«) zu trennen. Shklar versteht unter »Loyalität« die emotionale Bindung an eine soziale Gruppe und unter »Verpflichtung« die politische Verpflichtung, die wir gegenüber einem Staat oder einer anderen gesetzlichen Institution aus rein rationalen Gründen akzeptieren. Staaten sollten keine Loyalität einfordern, sondern Sinn für politische Verpflichtung. Denn Loyalität zu Gruppen sei häufig keine Sache der Wahl. Über die meisten Bindungen, die Loyalität erzeugen, entscheide die Geburt, nicht die freie Entscheidung. Erklärt man Gruppenloyalität, insbesondere ethnische Loyalität, zur Basis eines Staates, erzeuge man unausweichlich Leid für die Ausgeschlossenen. Staaten benötigen daher nicht mehr Loyalität, sondern mehr Sinn für bürgerliche Verpflichtung, also mehr Individuen, die sich aus rationaler Überlegung und einem tiefverwurzelten Sinn für Sicherheit dem Staat, der sie vor Willkür schützt, verpflichtet fühlen.

Shklars Unterscheidung hilft uns dabei, die europäische Vergangenheit und Gegenwart zu verstehen. In den jahrhundertelang florierenden Vielvölkerstädten der europäischen Vergangenheit haben die Bewohner genau diese politische Verpflichtung gegenüber ihrer Herrschaft akzeptiert. Sie empfanden wenig Loyalität gegenüber den Herrschern von Kiew, Bari, Konstantinopel oder Córdoba, denn die galt ihrer eigenen Gruppe und Herkunft, aber sie hatten einen rationalen Sinn für ihre politische Verpflichtung gegenüber der herrschenden Dynastie, eben weil sie Rechtssicherheit und Schutz bot.

In politischen Diskussionen unserer Zeit wird, wie am Anfang dieses Essays erwähnt, manchmal beklagt, dass bei vielen Bürgerinnen und Bürgern das Gefühl der Bindung an Europa und an die Europäische Union, also die emotionale Bindung, das Loyalitätsgefühl, zu schwach ausgeprägt sei und dass es einer Besinnung auf eine gemeinsame europäische Identität, Kultur und Wertegemeinschaft bedürfe, um Begeisterung für die europäische Idee wiederzubeleben.

An dieser Klage ist alles falsch, sowohl die Analyse des Problems als auch die Reaktion darauf. Zunächst zur Analyse: Sie ist deshalb falsch, weil es zwar an Loyalität fehlen mag, dieses Fehlen aber weder einen Mangel noch ein Problem darstellt. Denn Europa ist viel zu groß und zu vielfältig, um als Ganzes ein affektives Gruppengefühl oder ein kulturelles Heimatgefühl hervorbringen zu können, jedenfalls bei den meisten Menschen. Loyalitäten sind in der Regel viel regionaler, viel spezifischer. Und aufgrund ihrer persönlichen oder familiären Geschichte empfinden nicht wenige Menschen mehrere Loyalitäten, etwa gegenüber zwei Regionen, Sprachen, Akzenten, Landschaften oder sozialen Gruppen. Die politischen Staaten in Europa, die allesamt multiethnisch sind, und die Europäische Union selbst benötigen keine emotionale Loyalität, sondern rationale politische Verpflichtung. Vermutlich würden empirische Studien sogar zeigen können, dass der Sinn für politische Verpflichtung gegenüber der Europäischen Union beträchtlich ist und dass es keinen Grund zur Klage gibt.

Zweitens zur Reaktion: Die Reaktion, Loyalität durch die

Besinnung auf eine europäische Identität erzeugen zu wollen, ist besonders bedenklich. Viele in diesem Essay kritisierte Autoren beschwören eine gemeinsame europäische Kultur, erklären aber tatsächlich ihre eigene geistige Heimat zum Kern Europas. Das schadet. Denn das Resultat ist Ausgrenzung und Arroganz, und es verschleiert das, was eigentlich wichtig ist: das rationale Verständnis dessen, was ein Staat, was ein Gemeinwesen leistet.

Europa offen zu denken bedeutet also auch, zu erkennen, dass ›Nation‹ ein unheilvoller Begriff ist, besonders dann, wenn versucht wird, ihn inhaltlich zu füllen. Es bedeutet, zu verstehen, dass nebeneinander existierende Gruppen-Loyalitäten der Bürger einen Staat nicht gefährden müssen. Und es bedeutet, sich dafür einzusetzen, dass der Sinn für politische Verpflichtung gegenüber dem Gemeinwesen wächst und dass dieser Sinn Menschen dazu motiviert, sich aktiv für ihr Gemeinwesen einzusetzen.

Zukunft

Warum ist ein offen gedachtes Europa gewappnet für die Zukunft? Aus mindestens drei Gründen.

Erstens: Wenn die wichtigste Aufgabe eines Gemeinwesens darin besteht, Rechtssicherheit und Schutz vor Willkür und Gewalt zu bieten, dann befindet sich der Kontinent auf einem sehr guten Weg. Das ist kein emotionales Bekenntnis, sondern ein rationaler Schluss aus globalen Statistiken und Berichten von Organisationen wie UNO, Amnesty International, Global Peace Index oder Reporter ohne Grenzen über Verletzungen der Rechtsstaatlichkeit, Folter, Todesstrafe, Verbrechen gegen die Menschlichkeit, Kriegsverbrechen, Verletzungen der Pressefreiheit, politische Morde, Unterdrückung von Minderheiten,

Rassismus und wirtschaftliche Ausbeutung. In vielen dieser Statistiken nehmen die meisten Staaten des Kontinents hervorragende positive Plätze ein. Das ist alles andere als selbstverständlich. Ganz offensichtlich machen die europäischen Staaten und insbesondere die Europäische Union etwas herausragend gut. Es sind solche Argumente, die den Sinn für politische Verpflichtung stärken. Das europäische Gemeinwesen ist nicht großartig aufgrund seiner Traditionen, sondern weil es in unserer Zeit etwas leistet, das viel Klugheit und viel Einsatz verlangt. Genau das kann Menschen jeglichen Alters, jeglicher Herkunft und Glaubensansicht motivieren, sich selbst politisch oder sozial für das Gemeinwesen einzusetzen. Denn es gibt auch so etwas wie Begeisterung für Vernunft: für gute Ideen, für rationale Argumente, für kluge Politik. Diese Motivation ist umso wichtiger, weil die Statistiken zeigen, dass europäische Staaten auch das Falsche tun können, wenn sie keine Lösungen finden: Lösungen gegen Menschenrechtsverletzungen an ihren Grenzen oder gegen fremdenfeindliche und antisemitische Übergriffe oder gegen die Verletzung der Unabhängigkeit der Gerichte und der Presse. Das Gegenmittel angesichts solcher Gefährdungen ist nicht eine größere affektive Bindung an Europa, sondern eine größere Begeisterung für rationale Lösungen und das Engagement, das daraus erwächst.

Zweitens ist ein offen gedachtes Europa ein Europa voller geistiger Potentiale. Wenn wir den aufklärerischen und romantischen Tunnelblick auf unsere Vergangenheit ablegen, können wir auch von liberalen Muslimen, russischen Aufklärern, osmanischen Baumeistern, ungarischer Vielvölkerkultur, isländischen Geographen, oströmischen Kaisern, tschechischen Schriftstellern, andalusischer Jugendkultur oder lettisch-jüdischen Exilanten lernen. Es gab und gibt auf dem Kontinent eine reiche Kultur des Nachdenkens und Reflektierens. Viele Bereiche dieses Kulturraum-Netzes teilt Europa mit anderen

Kontinenten. Es besteht also kein Anlass zu Arroganz oder Selbstzufriedenheit. Vielmehr lohnt es sich, diese Traditionen gemeinsam zu durchdenken. Auch das ist mit Begeisterung für Vernunft gemeint: Leidenschaft für die Geschichte des Nachdenkens über Themen wie wissenschaftliche Rationalität, Verfassungsstaat, Demokratie, Verpflichtung, Gleichheit, Altruismus oder geistige Heimat in Kunst, Musik oder Literatur. Es wäre unsinnig, dabei den Blick allein auf Europa zu richten, denn um Lösungen für das Zusammenleben der Zukunft zu finden, ist es sinnvoll, die besten Anregungen aus allen Teilen der Welt aufzunehmen und von asiatischen, afrikanischen, australischen oder amerikanischen Modellen zu lernen. Allerdings wäre es für Europäer auch unsinnig, die Anregungen auf dem eigenen Kontinent zu übersehen.

Unter diesen Themen wird vermutlich Altruismus für die Herausforderungen der Zukunft eine entscheidende Rolle spielen, und zwar Altruismus im Sinne von globaler Solidarität. Die Klimakrise und die globalen Umwälzungen des Arbeitsmarktes durch künstliche Intelligenz sind zwei langfristige, die gesamte Menschheit betreffende Herausforderungen. Sie können am ehesten – und vielleicht sogar nur dann – bewältigt werden, wenn die Bevölkerungen aller Regionen dazu bereit sind, vom eigenen Wohlstand zugunsten von wirtschaftlichen und geostrategischen Gegnern oder zugunsten künftiger Generationen abzugeben. Deshalb ist es so wichtig, über Altruismus nachzudenken und das geistige Potential auch der kontinentaleuropäischen Überlegungen zu diesem Thema vollständig auszuschöpfen. Vom eigenen Wohlstand dem Gegner etwas abzugeben könnte man als eine Form der Feindesliebe bezeichnen. Es ist eine offene Frage, ob das Konzept der Feindesliebe wirklich zur Lösung der Probleme beitragen kann, ob es nicht Gefahr läuft, Unrechtsregime zu stärken, und ob es zu viele Menschen überfordert. Vielleicht benötigen wir stattdessen eine rationale Idee von Altruismus, die den Verzicht auf Wohlstand zugunsten von globalen Zielen bestechend überzeugend macht.

Drittens ist ein offen gedachtes Europa deshalb für die Zukunft gewappnet, weil es einen viel größeren Horizont geistiger Heimaten beschreibt als traditionelle Europa-Begriffe und dadurch ein friedlicheres Zusammenleben ermöglichen kann. Doch müssen es sich die Mittelwesteuropäer wirklich zumuten, nach ihren Kolonialreichen auch noch ihre ›europäischen‹ Traditionen als Fiktionen zu verlieren? Ja, diese Zumutung ist nötig. Aus vielerlei Gründen – und zwei besonders wichtigen.

Zum einen, mit Blick nach außen auf die anderen Kontinente: weil die koloniale und romantische Selbsterhöhung Europas nicht nur moralisch und wissenschaftlich schwer erträglich ist, sondern auch vielen anderen Teilen der Welt explizit oder implizit Anerkennung und Respekt verweigert.

Zum anderen, mit Blick nach innen: weil es kaum etwas Schöneres und Friedenstiftenderes gibt, als Anerkennung für die eigene kulturelle Heimat zu erfahren und auf diese Weise bestätigt zu bekommen, dass man am richtigen Ort ist. Jedem Europäer, jeder Europäerin sind bestimmte andere Gruppen von Menschen in Europa fremd. Doch die Gleichberechtigung aller Kulturen und aller Individuen im Kulturraum-Netz Europa zu akzeptieren und die Idee einer dominanten, leitenden Kultur aufzugeben, nicht aber die Idee eines alle verpflichtenden Rechts, ist der entscheidende Schritt in Richtung Zusammenhalt und zur Überwindung von Fremdheit – der entscheidende Schritt hin zu dem Bewusstsein, bei allen Unterschieden gemeinsam am richtigen Ort zu sein. Am Anfang dieses Schrittes steht der Perspektivwechsel: die Bereitschaft, Europa und seine Nachbarkontinente aus allen geistigen Himmelsrichtungen zu betrachten.

Anmerkungen

Einführung

Ein kurzer Blick auf das Mittelalter

Kreuzzüge: Klaus Oschema: Bilder von Europa im Mittelalter. Ostfildern 2013. Hier S. 263–290. – Bernd Schneidmüller: Die mittelalterlichen Konstruktionen Europas. Konvergenz und Differenzierung. In: ›Europäische Geschichte‹ als historiographisches Problem. Hrsg. von Heinz Duchhardt [u. a.]. Mainz 1997. S. 5–24. – *mercaant latin:* Marco Polo [u. a.]: Le devisement dou monde. Hrsg. von Mario Eusebi. Venedig 2018. Kap. 29. S. 54. – *mercatanti latini:* Marco Polo: Il Milione. Hrsg. von Dante Olivieri. Bari 1912. S. 22.

Geographie

Vasilij Tatiščev: Izbrannye trudy po geografii Rossii. Hrsg. von Aleksandr I. Andreev. Moskau 1950. S. 156. – Dazu Lutz Häfner: Europa ohne Grenzen? Zu Wandel und Funktion der russlandbezogenen Kartographie vom Moskauer Reich bis zur Mitte des 18. Jahrhunderts. In: Osteuropa kartiert. Mapping Eastern Europe. Hrsg. von Jörn Happel [u. a.]. Berlin [u. a.] 2010. S. 87–112. – *Manche Geographen:* Hans-Dietrich Schultz: Europa: (k)ein geografischer Kontinent? In: Debatte Europa kontrovers. Bonn 2010–2014. S. 69–71. – Vgl. Hans-Dietrich Schultz: Die Türkei: (k)ein Teil des geographischen Europas? In: Die Türkei und Europa. Die Positionen. Hrsg. von Claus Leggewie. Frankfurt a. M. 2004. S. 39–53. – *Anaximander:* Klaus M. Girardet: Kontinente und ihre Grenzen in der griechisch-römischen Antike. In: Europas Grenzen. Hrsg. von Sabine Penth [u. a.]. St. Ingbert 2006. S. 19–65, hier S. 36.

1 Entkolonialisierung

Robert Menasse: Interview mit Jean-François Ebeling 2019 in der Arte-Serie Schriftsteller und Europa. 22. März 2019: https://www.arte.tv/de/videos/088714-000-A/robert-menasse/ – Lesenswert: R. M.: Der Europäische Landbote. Die Wut der Bürger und der Friede Europas *oder* Warum die geschenkte Demokratie einer erkämpften weichen muss. Wien 2012. R. M.: Die Hauptstadt. Berlin 2017.

Europa wird von einem Kontinent zu einer Kultur

pater europae: Anonymus: Karolus magnus et Leo papa. Ein Paderborner Epos vom Jahre 799. Hrsg. und übers. von Joseph Brockmann. Paderborn 1966. Z. 504. – *europaei:* Pius II. [Enea Silvio Piccolomini]: De Europa. Hrsg. von Adrianus van Heck. Città del Vaticano 2001. S. 27, und in anderen Werken. Vgl. Klaus Oschema: Bilder von Europa im Mittelalter. Ostfildern 2013. S. 299–307. Insbes. Anm. 332. – *Mozarabische Chronik:* Oschema 2013. S. 22. – *Malcolm E. Yapp:* Europe in the Turkish Mirror. In: Past & Present 137 (1992) S. 134–155. Hier S. 143 f. – *gut erforscht:* Winfried Schulze: Europa in der Frühen Neuzeit. Begriffsgeschichtliche Befunde. In: ›Europäische Geschichte‹ als historiographisches Problem. Hrsg. von Heinz Duchhardt [u. a.]. Mainz 1997. S. 35–65; Olaf Asbach: Europa. Vom Mythos zur Imagined Community? Zur historischen Semantik ›Europas‹ von der Antike bis ins 17. Jahrhundert. Hannover 2011. Hier S. 95–168. – *Bildwerken:* Sabine Poeschel: Europa, Herrscherin der Welt? Die Erdteil-Allegorie im 17. Jahrhundert. In: Europa im 17. Jahrhundert. Ein politischer Mythos und seine Bilder. Hrsg. von Klaus Bußmann [u. a.]. Stuttgart 2004. S. 269–287. – *Sully … Leibniz … Penn:* Rolf Hellmut Foerster (Hrsg.): Die Idee Europa 1300–1946. Quellen zur Geschichte der politischen Einigung. München 1963. S. 60–85. – Weitere Texte in: Rotraud von Kulessa / Catriona Seth (Hrsg.): Die Europaidee im Zeitalter der Aufklärung. Cambridge 2017. – *Asien schickt … Vergleichbares:* Samuel Purchas: Hakluytus Posthumus or, Purchas his Pilgrimes, Contayning a History of the World in Sea Voyages and Lande Travells by Englishmen and Others. Glasgow 1905.

Ndr. Cambridge 2014. 12 Bde. Bd. 1. S. 249. – *kein Gras wächst ...*: Rudolf Simek: Altnordische Kosmographie. Berlin [u. a.] 1990. S. 425. – *Obwohl Europa ... Handwercken:* Johann Heinrich Zedler [u. a.]: Grosses vollständiges Universal-Lexicon Aller Wissenschafften und Künste. Halle/Leipzig 1731–1754. Art. Europa. – *Sully ... Lilienfeld:* Rolf Hellmut Foerster (Hrsg.): Die Idee Europa 1300–1946. Quellen zur Geschichte der politischen Einigung. München 1963. S. 64, 107 f. – *Charles Montesquieu:* Vom Geist der Gesetze. Ausgew. und übers. von Kurt Weigand. Stuttgart 2011. 17. Buch, 6. Kap. S. 288. Frz.: Ch. M.: De l'esprit des lois. London 1772. Bd. 1, S. 346: »un génie de liberté«, »un esprit de servitude«.

Im Geist der Aufklärung?

in der islamischen Welt: Die jeweilige Begrenztheit des religiösen und des politischen Bereichs wurde in vielen Texten der islamischen Welt thematisiert. Dazu Thomas Bauer: Die Kultur der Ambiguität. Eine andere Geschichte des Islams. Berlin 2011. S. 312–343. – *lernen konnten:* z. B. bei Peter Adamson: A History of Philosophy Without Any Gaps. Podcast und Buchreihe. Oxford 2014 ff. – *Konfuzianismus:* David Wong: Confucian Political Philosophy. In: The Oxford Handbook of the History of Political Philosophy. Hrsg. von George Klosko. Oxford 2011. S. 771–788. – *buddhistischen:* Richard P. Hayes: Principled Atheism in the Buddhist Scholastic Tradition. In: Journal of Indian Philosophy 16 (1988) S. 5–28. – *subsaharischen:* Guy Martin: African Political Thought. New York 2012. S. 11–20. – *nordamerikanischen:* Horst Dreier: »We the People« – Verfassunggebung als Gestaltungsprogramm. In: Die Gestaltbarkeit der Geschichte. Hrsg. von Kurt Bayertz [u. a.] Hamburg 2019. S. 203–222.

Die Nachteile des aufklärerischen Begriffs von Europa

al-Ḥağarī: Aḥmad Ibn Qāsim al-Ḥağarī: Kitāb nāṣir al-dīn ʿalā al-qawm al-kāfirīn: The Supporter of Religion against the Infidels. Hrsg. von Pieter S. van Koningsveld. Madrid 1997. S. 120–123. – *Moses Kunitzer:* Sefer nogah ha-zedek̦. Dessau 1818. S. 27. – Dazu Hirsch Jakob Zimmels: Ashkenazim and Sephardim. Their Relations, Differences, and Problems as Reflected in the Rabbinical Responsa. London 1958. S. 308 f.

2 Entromantisierung

Es gibt drei Hügel … sehen: Theodor Heuss: Rede bei einer Feierstunde zur Einweihung der wieder aufgebauten Rosenauschule in Heilbronn (16. September 1950). In: BArch. Nachlass Heuss. N 1221, 4/2. – … *unverzichtbar gültig:* Otfried Höffe: Vom Aufgang des Abendlandes. In: Frankfurter Allgemeine Zeitung. 23. Januar 2017.

Beginnt alles mit den Griechen?

Bruno Snell: Die Entdeckung des Geistes. Studien zur Entstehung des europäischen Denkens bei den Griechen. Göttingen [4]1975. S. 290, 205. – *Wilhelm Nestle:* Vom Mythos zum Logos. Die Selbstentfaltung des griechischen Denkens von Homer bis auf die Sophistik und Sokrates. Stuttgart 1940. – *Akan-Völkern:* Ajume Wingo: Akan Philosophy of the Person. In: The Stanford Encyclopedia of Philosophy (Summer 2017): https://plato.stanford.edu/archives/sum2017/entries/akan-person/ – *migrant craftsmen:* Walter Burkert: The Orientalizing Revolution. Near Eastern Influence on Greek Culture in the Early Archaic Age. Cambridge [u. a.] 1992. – Dazu: Markus Asper: Medical Acculturation? Early Greek Texts and the Question of Near Eastern Influence. In: The Frontiers of Ancient Science. Hrsg. von Klaus-Dietrich Fischer [u. a.]. Berlin 2015. S. 19–46. M. A.: The Two Cultures of Mathematics in Ancient Greece. In: The Oxford Handbook of the History of Mathematics. Hrsg. von Eleanor Robson [u. a.]. Oxford 2009. S. 107–132.

Wie europäisch sind die griechischen und römischen Kulturen?

Klimazonen: Hippokrates: Ausgewählte Schriften. Hrsg. und übers. von Charlotte Schubert [u. a.]. Düsseldorf [u. a.] 2006. S. 46 f. (De aeribus, Kap. 16.) – *geographisch-beschreibend:* Klaus M. Girardet: Kontinente und ihre Grenzen in der griechisch-römischen Antike. In: Europas Grenzen. Hrsg. von Sabine Penth [u. a.] St. Ingbert 2006. Insbes. S. 56–65. – Herodot: Die Historien. Hrsg. und übers. von Josef Feix. München 1963. Kap. IV.45. S. 535. – *Ptolemaios:* Dag Nikolaus Hasse / Benno van Dalen / David Juste [u. a.]: Claudius Ptolemäus. Zur Rezeption seiner Werke in der islamischen Welt und in Europa. In: Akademie Aktuell 46 (2013) S. 8–45. – *Hof in China:* Benno van Dalen: The Activities of Iranian Astronomers in Mongol China. In: Sciences, Techniques et Instruments dans le monde Iranien (x^e^-xixe siècle). Hrsg. von Nasrollah Pourjavady [u. a.]. Teheran 2004. S. 17–28.

Mittelalter: War Europa ein christliches Land?

Novalis [Friedrich von Hardenberg]: Fragmente und Studien. Die Christenheit oder Europa. Hrsg. von Carl Paschek. Stuttgart 2018. S. 67, 88. – Dazu Heinz Gollwitzer: Europabild und Europagedanke. Beiträge zur deutschen Geistesgeschichte des 18. und 19. Jahrhunderts. München [2]1964. S. 146–149. – *François Chateaubriand:* Génie du christianisme ou Beautés de la religion chrétienne. 5 Bde. Paris 1802. Bd. 4. S. 158 f., 273, 281. (Übers. D. N. H.) – *Christianisierung:* Richard Fletcher: The Conversion of Europe. From Paganism to Christianity, 371–1386 AD. London 1997. – *Island:* Michael Borgolte: Mittelalter in der größeren Welt. Berlin 2014. S. 146–147. – *Benedikt XVI.:* Glaube und Vernunft. Die Regensburger Vorlesung. Vollst. Ausg. Freiburg i. Br. 2006. S. 22. – *Adam von Bremen:* Gesta Hammaburgensis ecclesiae pontificum. Hrsg. von Bernhard Schmeidler. Hannover [u. a.] [3]1917. S. 79. – *Jumne:* Alexandra Petrulevich: On the Etymology of *at Jómi, Jumne* and *Jómsborg*. In: Namn och bygd 97 (2009) S. 65–97. – *Konstantinos:* Konstantinos VII. Porphyrogennetos: De thematibus. Hrsg. von Agostino Pertusi. Città del Vaticano 1952. S. 84 f. – *in byzantinischen Quellen:* Basileios Karageorgos: Der Begriff Europa im Hoch- und Spätmittelalter. In: Deutsches Archiv für Erforschung des Mittelalters 48 (1992) S. 137–164. Hier S. 150–164. – *arabische Quellen:* Robert Hillenbrand: The Ornament of the World. Medieval Cordoba as a Cultural Centre. In: The Legacy of Muslim Spain. Hrsg. von Salma K. Jayyusi. Leiden [u. a.] 1992. S. 112–135. Insbes. S. 120. – *das kleine Land:* Ibn Ḥauqal: Kitāb ṣurat al-arḍ. Hrsg. von Johannes H. Kramers. Leiden 1938–1939. S. 191. – *Franken ... Melkiten:* Daniel König: Arabic-Islamic Views of the Latin West. Tracing the Emergence of Medieval Europe. Oxford 2015. Insbes. S. 343–347. – Dazu Andreas Kaplony: Die fünf Teile Europas der arabischen Geographen. In: Archiv Orientální 71 (2003) S. 485–498. – *pax mongolica:* Thomas T. Allsen: Mongols as Vectors for Cultural Transmission. In: The Cambridge History of Inner Asia. The Chinggisid Age. Hrsg. von Nicola Di Cosmo [u. a.]. Cambridge 2009. S. 135–154. – *Ungarn:* Nora Berend: At the Gate of Christendom: Jews, Muslims and ›Pagans‹ in Medieval Hungary c.1000–c.1300. Cambridge 2001; Brian A. Catlos: Muslims of Medieval Latin Christendom, c.1050–1614. Cambridge 2014. S. 228–262. – *eben auch jüdisch:* Gad Freudenthal (Hrsg.): Science in Medieval Jewish Cultures. Cambridge 2011; Marc Michael Epstein [u. a.]: Skies of Parchment, Seas of Ink. Jewish Illuminated Manuscripts. Princeton [u. a.] 2015.

Feindesliebe und Gleichheit aller Menschen

neutestamentliche Forschung: Gerd Theißen: Studien zur Soziologie des Urchristentums. Tübingen [3]1989. S. 160–197. – *Muhammad:* Lutz Richter-Bernburg: »God Created Adam in his Likeness« in the Muslim Tradition. In: The Quest for a Common Humanity. Hrsg. von Katell Berthelot [u. a.]. Leiden [u. a.] 2011. S. 67–82. – *Stoiker:* Werner Heun: Einflüsse der Stoa auf die Entwicklung von Menschenwürde und Menschenrechten bis zum Ende des 18. Jahrhunderts. In: Armut – Arbeit – Menschenwürde: Die Euböische Rede des Dion von Prusa. Hrsg. von Gustav Adolf Lehmann [u. a.]. Tübingen 2012. S. 235–254; John Sellars: Stoic Cosmopolitanism and Zeno's Republic. In: History of Political Thought 28 (2007) S. 1–29. – *Im römischen Recht:* »quod ad ius naturale attinet, omnes homines aequales sunt« (Dig. 50,17,32).

Die Gefahren des romantischen Begriffs von Europa

Die Begegnung ... kann: Benedikt XVI.: Glaube und Vernunft. Die Regensburger Vorlesung. Vollst. Ausg. Freiburg i. Br. 2006. S. 22.

3 Was ist typisch europäisch?

Europäische Erinnerungsorte: Pim de Boer [u. a.] (Hrsg.): Europäische Erinnerungsorte. 3 Bde. München 2012. Hier Bd. 2. S. 105–367.

Drei Essays

Milan Kundera: Un occident kidnappé ou la tragédie de l'Europe centrale. In: Le Débat 27 (1983) S. 3–23. – Zit. nach: M. K.: Un occident kidnappé oder die Tragödie Zentraleuropas (1983). In: Themenportal Europäische Geschichte (2007): https://www.europa.clio-online.de/quelle/id/q63-28311 – *Kritik:* Rainer Schmidt: Die Wiedergeburt der Mitte Europas. Politisches Denken jenseits von Ost und West. Berlin 2001. S. 131 f. – *Rémi Brague:* Europe, la voie romaine. Paris 1992. Dt.: R. B.: Europa. Eine exzentrische Identität. Frankfurt a. M. 1993. Hier S. 19, 24 f., 33, 158. – *George Steiner:* The Idea of Europe. New York [u. a.] 2004. Hier S. 37, 49, 51, 67, 70. – *Kaffeehaus:* Ralph S. Hattox: Coffee and Coffeehouses. The Origins of a Social Beverage in the Medieval Near East. Seattle 1985. S. 72–111; ʿAlī Āl-e Dawūd: Coffeehouse (qahva-ḵāna). In: Encyclopaedia Iranica. Bd. 6. London 1993. – *Damaskus:* Georgina Hafteh: The Garden Culture of Damascus: New Observations Based on the Accounts of ʿAbd Allāh al-Badrī (d. 894/1489) and Ibn Kannān al-Ṣāliḥī (d. 1135/1740). In: Bulletin d'études orientales 61 (2012) S. 297–325.

Von unten nach oben

Scheibe: Jeffrey B. Russell: Inventing the Flat Earth. Columbus and Modern Historians. Westport [u. a.] 1997. – *abbasidischen Kalifen:* Dimitri

Gutas: Greek Thought, Arabic Culture. The Graeco-Arabic Translation Movement in Baghdad and Early 'Abbāsid Society (2nd–4th/8th–10th c.). London 1998.

Drei Weisen, Europa offen zu denken

Tataren: Christian Noack: Muslimischer Nationalismus im Russischen Reich. Nationsbildung und Nationalbewegung bei Tataren und Baschkiren, 1861–1917. Stuttgart 2000. S. 144–158. – *Charles Kurzman:* Modernist Islam, 1840–1940. A Sourcebook. Oxford 2002. S. 223–226. – *Im Übrigen merken wir … schickt:* Emmanuel Macron: Interview mit Le Grand Continent. 16. November 2020: https://legrandcontinent.eu/de/2020/11/16/macron/ – *Dieses Europa … Kultur:* Emmanuel Macron: Discours pour une Europe souveraine, unie, démocratique. 26. September 2017: https://www.elysee.fr/front/pdf/elysee-module-795-fr.pdf (Übers. D. N. H.) – *Edward Said:* Interview by Michaël Zeeman for the Dutch television programme Leven en Werken, VPRO. 2000. Min. 29:50–32:04: https://www.youtube.com/watch?v=676fB7ExZys

4 Vielvölkerstädte: das Europa der Zukunft

London und Paris: Klaus J. Bade [u. a.] (Hrsg.): Enzyklopädie Migration in Europa: vom 17. Jahrhundert bis zur Gegenwart. Paderborn [u. a.] [3]2010. S. 68–84, S. 122–140. – *nur Imperien:* Philippe Bénéton [u. a.]: Die Pariser Erklärung. Ein Europa, wo(ran) wir glauben können. 2017: https://thetrueeurope.eu/die-pariser-erklarung/ – *Kiew:* Thomas S. Noonan: The Monetary History of Kiev in the Pre-Mongol Period. In: Harvard Ukrainian Studies 11 (1987) S. 384–443. – *Bari:* Antonietta Amati Canta: Bridal Gifts in Medieval Bari. In: Medieval Clothing and Textiles 9 (2013) S. 1–43. – *Konstantinopel:* Brigitte Moser / Michael Weithmann: Kleine Geschichte Istanbuls. Regensburg 2010; Heinz Kramer / Maurus Reinkowski: Die Türkei und Europa. Eine wechselhafte Beziehungsgeschichte. Stuttgart 2008; Suraiya Faroqhi: Geschichte des Osmanischen Reiches. München [6]2015. – *Córdoba:* Robert

Hillenbrand: The Ornament of the World. Medieval Cordoba as a Cultural Centre. In: The Legacy of Muslim Spain. Hrsg. von Salma K. Jayyusi. Leiden [u. a.] 1992. S. 112–135; Brian A. Catlos: al-Andalus. Geschichte des islamischen Spanien. München 2019. S. 145–174. – *römische Bürgerrecht:* Nicola Terrenato: The Archetypal Imperial City. Rome and the Burdens of Empire. In: Early Cities in Comparative Perspective. Hrsg. von Norman Yoffee. Cambridge 2015. S. 513–531.

Politische Verpflichtung

Judith N. Shklar: Obligation, Loyalty, Exile. In: Political Theory 21 (1993) S. 181–197. Dt: J. N. S.: Verpflichtung, Loyalität, Exil. Mit einem Essay über Michael Walzer. Hrsg. und übers. von Hannes Bajohr. Berlin 2019.

Zukunft

globalen Statistiken: Institute for Economics and Peace: Global Peace Index 2020: https://www.visionofhumanity.org/maps/#/ – Reporter ohne Grenzen: Rangliste der Pressefreiheit: https://www.reporter-ohne-grenzen.de/rangliste/ – Amnesty International Report: Zur weltweiten Lage der Menschenrechte: https://www.amnesty.de/informieren/amnesty-report

Dank

Für Ratschläge und Korrekturen bin ich den Leserinnen und Lesern früherer Versionen dieses Essays ausgesprochen dankbar, auch wenn – und gerade weil – sie nicht immer meiner Meinung waren: Daniel König, Markus Asper, Markus Heuft, Philipp Lenhard, Matthias Hild, Anne Hennicke, Moritz Hasse und Ferdinand Hasse. Jonathan Maier war ein unermüdlicher Helfer beim Recherchieren, Motivieren und Nachdenken. Für Hilfe mit dem Hebräischen und Russischen danke ich Peter Tarras und Stefan Röttig, für das Korrekturlesen Mechtild Hasse-Riedesel und Henriette Hasse. Bei geographischen und historischen Spezialfragen haben mir Tobias Ullmann, Benno van Dalen, Selahattin Akti, Hansjörg Ewert, Dagmar Kiesel und Jörn Müller sehr geholfen. Ganz herzlich danke ich Tobias Ullmann für die Erstellung der Karten und Matthias Hennicke für das Karten-Design.

Zum Autor

Dag Nikolaus Hasse, geboren 1969, ist Professor für Geschichte der Philosophie an der Universität Würzburg. Seine Forschung gilt hauptsächlich der arabischen Philosophie und Naturwissenschaft und ihrem Einfluss im lateinischen Europa.

In *Success and Suppression: Arabic Sciences and Philosophy in the Renaissance* (2016) untersucht er den Höhepunkt und das allmähliche Ende dieses Einflusses auf Philosophie, Medizin und Astrologie im 15. und 16. Jahrhundert. Hasse hat sich besonders mit zwei arabischsprachigen Denkern beschäftigt: dem Perser Avicenna (*Avicenna's ›De anima‹ in the Latin West*, 2000) und dem Andalusier Averroes. Das Vokabular der klassischen arabischen Wissenschaftler und ihrer lateinischen Übersetzer erschließt er mit seinem Würzburger Forschungsteam in einem digitalen Lexikon, dem *Arabic and Latin Glossary* (2009 ff.). Das von ihm geleitete Editionsprojekt *Ptolemaeus Arabus et Latinus* widmet sich der Astronomie- und Astrologiegeschichte des 2.–16. Jahrhunderts.

Hasse ist ordentliches Mitglied der Bayerischen Akademie der Wissenschaften und wurde 2016 mit dem Gottfried Wilhelm Leibniz-Preis ausgezeichnet.